Impressum

www.haerterverlag.de | @haerterverlag.de

ISBN 978-3942906821

Texte und Rezepte: Martina Nussbaummüller | @nussine_backt
Foodstyling: Martina Nussbaummüller und Nick Nussbaummüller
Foodfotos: Nick Nussbaummüller | @nussinick_

Coverfoto: Emil Schmid | @emilschmidphoto

Grafische Gestaltung und Satz: Cyrus Naimi | www.cn-grafik.de

Lektorat: Sara Ölschläger | @saras_korrektorat

Druck: PrintBest Printing Company, Estland

WIR MACHEN schöne bücher

Wir sind Mitglied des Netzwerks »schöne Bücher«, eine Vereinigung unabhängiger Verlage.

Netzwerk unabhängiger Verlage | www.schoenebuecher.net

Wir sind Mitglied im Börsenverein des deutschen Buchhandels.

SCHNELLE BACKREZEPTE, DIE FREUDE MACHEN

Bildverzeichnis

Inhalt

Kleines, aber Feines

Schnelle Blechkuchen und Torten

Aus dem Gugelhupf

Österreichs Lieblinge

Kroatische Leckereien

VORWORT

Hallo Ihr Lieben,

ich bin Martina, 42 Jahre alt, glücklich verheiratet und Mutter von drei wundervollen Söhnen. Geboren und aufgewachsen bin ich in Österreich, wo ich nun seit 22 Jahren selbstständig als Friseurin tätig bin. Dennoch habe ich kroatische Wurzeln, sodass Familie bei mir großgeschrieben wird.

Da Liebe durch den Magen geht, verwöhne ich meine Liebsten gerne mit allerlei Gebackenem. Nicht nur die Liebe zu meinem Mann – den ich bereits mit 15 Jahren kennengelernt habe –, sondern auch die zum Backen besteht schon ewig.
Vor fünf Jahren habe ich mich entschieden, diese Liebe mit euch zu teilen. Ich habe einen Account auf Instagram begonnen und konnte viele Naschkatzen von meinen schnell zubereiteten internationalen Rezepten begeistern. Ich habe so viel Zuspruch erhalten, dass ich mittlerweile auch auf Facebook, YouTube und TikTok aktiv bin.

Mit diesem Buch möchte ich einen weiteren Schritt gehen. Meine Rezepte sollen nicht mehr nur in den Tiefen des Internets schlummern, sondern auf Papier gedruckt werden. Ihr sollt dieses Buch mit eurer Familie öffnen und euch an den kulinarischen Köstlichkeiten erfreuen können. Neben Basics wie Kuchen und Torten verwöhne ich euch auch mit Geheimtipps aus Österreich und Kroatien, damit ihr die familiäre Atmosphäre nachbacken könnt.

Doch all dies wäre nicht allein möglich gewesen. Als großer Familienmensch möchte ich mich zunächst bei meinen Liebsten für ihre Unterstutzung und ihre stets hungrigen Mägen bedanken. Doch nicht nur die positiven Momente haben sie mit mir geteilt, sondern auch meine gedrückte Laune ertragen, wenn etwas schiefgelaufen ist.
Besonders danken möchte ich meinem Ältesten – Nick –, der professionell die Fotos für dieses Buch geschossen hat.
Außerdem möchte ich mich beim Team vom HÄRTER Verlag bedanken – für die Chance, meine Rezepte noch weiter zu vermarkten, und die großartige Umsetzung.

Ein großer Dank geht natürlich an euch. Denn ohne euch wäre ich niemals so weit gekommen. Ohne eure zahlreichen Aufrufe und die positive Resonanz. Ihr ermutigt mich stets dazu weiterzumachen. Ihr habt mich überhaupt dazu ermutigt, ein Buch zu schreiben!

Ich habe mich wahnsinnig uber die vielen Vorbestellungen gefreut. Und jetzt hältst du das Buch endlich in den Händen. Ich wünsche frohes Backen!

Mit süßen Grüßen
Martina

Meine Backausrüstung

Rührfixgerät
Teige gelingen mit einem einfachen Rührfixgerät. Man kann auch eine Küchenmaschine einsetzen.

Digitalwaage
Mit der Digitalwaage gelingt es, die richtige Menge der jeweiligen Zutaten genau abzumessen.

Teigschaber
Der Teigschaber ist ein sehr hilfreiches Utensil, mit dem Zutaten unterhoben und später der Teig ausgeschabt werden kann. Reste darauf eignen sich auch perfekt zum Kosten.

Silikonpinsel
Der Silikonpinsel bietet eine Möglichkeit, Kuchenformen gleichmäßig einzustreichen, ohne sich die Finger schmutzig zu machen.

Tortensäge
Mit einer Tortensäge gelingt es – im Gegensatz zum Messer –, die Tortenböden gleichmäßig durchzuschneiden.

Backtrennspray
Die Verwendung des Backtrennsprays ist noch bequemer. Torten- und Kuchenformen werden eingesprüht, um das Anhaften des Gebäcks zu verhindern.

Sieb
Ein Sieb sollte zur Grundausstattung gehören und hilft beim Verfeinern von Staubzucker sowie Mehl. Außerdem kann damit zum Beispiel ein Gugelhupf bestäubt/dekoriert werden.

Verschiedene Backformen
Ein paar Backformen sollten ebenfalls zur Ausstattung gehören. Ich verwende teils verstellbare runde und eckige Backformen. Beim Gugelhupf kannst du dich für eine Lieblingsform entscheiden.

Basics & Legende

Damit du nicht lange suchen musst, sind hier alle Symbole erklärt.

- Stückzahl oder Portionen
- Zubereitungszeit in Minuten
- Wartezeit in Minuten oder Stunden
- Backblech
- Backform eckig, verstellbar
- Backform rund, verstellbar
- Muffinbackform
- Kochtopf
- Kühlzeit in Minuten oder Stunden
- (O/U) Backzeit in °C bei Ober-/Unterhitze
- (Heißluft) Backzeit in °C bei Heißluft

(QR-Code) Hier gehts zum Rezeptvideo auf Instagram oder YouTube.
Die absolut beliebtesten Insta-Favorites haben es ins Buch geschafft.

Backtipps

EIWEISS SCHLAGEN

Hierfür braucht man eine saubere und fettfreie Schüssel. Ich verwende außerdem eine Prise Salz/Zucker oder ein paar Tropfen Zitronensaft, damit das Eiweiß schneller steif wird. Ganz wichtig: Das Eiweiß muss völlig frei von Eigelb sein, da es sich sonst nicht steif schlagen lässt!

FRÜCHTE UNTERHEBEN

Wenn Früchte vor dem Unterheben mit Mehl bestäubt werden, sinken sie nicht auf den Boden der Kuchenform.

MEHL UNTERHEBEN

Mehl sollte nur kurz und auf mittlerer Stärke gemixt werden. Stattdessen kann es auch einfach mit einer Spachtel unterhoben werden.

AGAR-AGAR

Agar-Agar ist eine pflanzliche Alternative zu Gelatine. Man kann es gemahlen oder als Blatt-Vegatine kaufen. Fürs Binden ist es wichtig, dass Agar-Agar – im Gegensatz zu Gelatine – sprudelnd kocht.

ALTERNATIVE ZUCKERSORTEN

Zucker kann durch Back-Stevia oder Xylit in gleicher Menge ersetzt werden. Geschmack und Süßkraft sind jedoch anders. Die konkrete Verwendung erfragt man am besten beim Hersteller.

EINFETTEN

Ich verwende für meine Backformen immer ein Backtrennspray. Es ist die einfachste und effizienteste Methode. Bei Torten und Blechkuchen empfehle ich allerdings die Verwendung von Backpapier.

VORHEIZEN

Ein Kuchenteig muss immer direkt bei der richtigen Temperatur gebacken werden. Wenn der Kuchen schon vorher in den Ofen geschoben wird, verlängert sich die Backzeit. Außerdem können empfindliche Kuchenteige, wie beispielsweise Biskuit, beim Backen mit falscher Temperatur zäh werden.

BACKEN MIT BACKFORMEN

Backformen sollten generell auf ein Ofenrost, nicht auf ein Backblech gestellt werden. Somit ist eine gleichmäßige Wärmeverteilung gewährleistet.

OFENTÜR GESCHLOSSEN

Beim Kuchenbacken muss die Ofentür stets geschlossen bleiben. Das Gebäck fällt in sich zusammen, wenn während des Backvorgangs kühle Luft einströmt. Am Ende der Backzeit kann man die Tür vorsichtig öffnen und eine Stäbchenprobe machen.

STÄBCHENPROBE

Auch wenn in jedem Rezept eine vorgegebene Backzeit steht, kann eine Stäbchenprobe nie schaden. Dazu ein Stäbchen kurz in das Gebäck tauchen und wieder rausziehen. Wenn Teig hängenbleibt oder er noch klebrig wirkt, lieber noch ein paar Minuten im Ofen lassen. Ganz am Ende kann der Ofen schon ausgeschaltet und Restwärme genutzt werden.

BACKZEIT

Je nach Backrohr kann die angegebene Backzeit variieren. Gerade deshalb ist eine Stäbchenprobe wichtig. Wenn statt mit Heißluft mit Ober-/Unterhitze gebacken werden soll, muss die Temperatur um 20 Grad erhöht werden.

ABKÜHLEN

Nach dem Backen sollte der Kuchen etwa 15 Minuten auf einem Rost oder Kuchengitter auskühlen. Dies ist gerade für eventuelles Dekorieren danach wichtig. Außerdem lässt sich der Kuchen dann beim Stürzen leichter aus der Form lösen.

KUCHEN LÖSEN

Bei festklebendem Kuchen kann mit einem Holzstäbchen nachgeholfen werden. Bitte kein Messer oder eine Gabel verwenden, da dadurch die Beschichtung der Backform zerkratzt wird.

WASSERBAD BEI HARTNÄCKIGEN KUCHEN

Wenn der ausgekühlte Kuchen trotz Nachhilfe mit dem Holzstäbchen noch in der Form klebt, kann er für ein paar Minuten in ein Wasserbad gestellt werden. Damit sollte auch der widerwilligste Gugelhupf befreit werden können.

ZUCKERGUSS

Der Zuckerguss kommt besser zur Geltung, wenn man Milch anstelle von Wasser verwendet. Für das Auftragen sollte der Kuchen abgekühlt sein.

Kleines, aber Feines

KLEINES, ABER FEINES

Blätterteigkissen

mit Mascarpone-Creme

10 Stück | 1 Backblech | 30 Minuten | 210 °C Heißluft 15 Minuten

DAS BRAUCHST DU

TEIG
2 Pck. frischer Blätterteig, rechteckig
30 g Butter
30 g Kristallzucker
1 Eigelb

CREME
200 g Mascarpone
250 ml Schlagobers (Schlagsahne)
50 ml Eierlikör
1 EL Zucker

AUSSERDEM
1 Handvoll frische Erdbeeren
Staubzucker (Puderzucker)

UND SO GEHT'S

TEIG
1. Ersten Blätterteig ausrollen. Mit flüssiger Butter bestreichen und Kristallzucker darüber streuen.
2. Zweiten Blätterteig ausrollen und darüberlegen. Teig in zehn gleich große Rechtecke schneiden. Zum Schluss mit Eigelb bestreichen.
3. Bei 210° C Heißluft ca. 15 Minuten backen.
4. Die Polster gut auskühlen lassen und vorsichtig in zwei Hälften teilen. Das geht prima mit den Händen.

CREME
1. Alle Zutaten in einer hohen Schüssel miteinander mixen, bis die Creme schön fest ist. Die Creme auf den unteren Boden aufspritzen.
2. Frische Erdbeeren in Scheiben schneiden und darüberlegen und die obere Polsterhälfte darauflegen.
3. Mit Staubzucker bestreuen.

Nussines Tipp

Je nach Saison eignen sich verschiedene Früchte zum Befüllen der Kissen. Für eine alkoholfreie Variante einfach den Eierlikör weglassen.

Zum Rezeptvideo

Brandteigringe

12 Stück

1 Backblech

25 Minuten

180 °C Heißluft
30 – 35 Minuten

DAS BRAUCHST DU

TEIG
250 ml Wasser
90 g Butter
1 Prise Salz
1 TL Zucker
140 g Mehl
1 TL Backpulver
4 Eier

CREME
250 g Mascarpone
200 ml Schlagobers (Schlagsahne)
Ca. 1 – 2 EL Zucker (je nach Geschmack)
50 ml Eierlikör (oder alkoholfreie Variante)
1 Pck. Vanillezucker
Staubzucker (Puderzucker)

UND SO GEHT'S

TEIG
1 Wasser zusammen mit Butter, Salz und Zucker aufkochen und von der Herdplatte nehmen.

2 Danach Mehl und Backpulver mit dem Kochlöffel einrühren. Nochmals kurz erhitzen, bis sich der ganze Teig vom Boden des Kochtopfes löst. Kurz auskühlen lassen.

3 Teig in eine Rührschüssel geben und die Eier nacheinander dazu mixen.

4 Teig in einen Spritzsack füllen und Kreise auf ein Backpapier spritzen. Bei 180 °C Heißluft ca. 30 – 35 Minuten goldig backen.

WICHTIG: Ofen darf während des Backens nicht geöffnet werden!

CREME
1 Alle Zutaten in eine Schüssel geben und so lange mixen, bis eine schöne feste Creme entsteht.

2 Die abgekühlten Ringe in zwei Hälften schneiden.

3 Creme in einen Spritzsack füllen, die Ringe auf der unteren Seite befüllen.

4 Den Deckel darauflegen und mit Staubzucker bestreuen.

Cookies

10 Stück | 1 Backblech | 30 Minuten | 180 °C Heißluft 12 – 13 Minuten

DAS BRAUCHST DU

130 g Butter
100 g Zucker
100 g brauner Zucker
1 Ei
1 Pck. Vanillezucker
180 g Mehl
1/2 TL Natron
1 Prise Salz
80 g Schokolade (Vollmilch oder Halbbitter)

UND SO GEHT'S

1 Alle Zutaten bis auf die Schokolade zusammen in einer Schüssel mixen.

2 Zum Schluss Schokolade in grobe Stücke hacken. Eine kleine Menge zur Seite stellen und den Rest kurz unter die Masse heben.

3 Den Teig auf einem Backpapier mit einem Eisportionierer verteilen.

4 Die restliche gehackte Schokolade auf den Cookies verteilen.

5 Bei 180 °C Heißluft ca. 12 – 13 Minuten backen und anschließend auskühlen lassen.

6 Achtung! Die Cookies werden erst fest, wenn's auskühlt sind!

Lass einiges an Abstand, da die Cookies verlaufen und um einiges größer werden!

Donuts

20 – 25 Stück

1 tiefe Pfanne

60 Minuten

60 Minuten
+ 20 Minuten

DAS BRAUCHST DU

TEIG

1/2 Würfel Germ (Backhefe)
2 EL Zucker
250 ml Milch, lauwarm
50 g Butter
2 Eier
520 g Mehl

ZUM AUSBACKEN

700 ml Kokosfett (Ceres), Raps- oder Sonnenblumenöl

TOPPING

Zuckerperlen
250 g Schokoladenglasur

UND SO GEHT'S

1 Germ mit lauwarmer Milch und Zucker vermischen und ca. 5 Minuten stehen lassen.

2 Danach die restlichen Zutaten dazugeben, zu einem glatten Teig mixen und abgedeckt mindestens eine Stunde ruhen lassen.

3 Teig ca. 2 cm dick ausrollen, Donuts ausstechen und nochmals abgedeckt ca. 20 Minuten ruhen lassen.

4 Donuts bei mittlerer Hitze in einer tiefen Pfanne in dem Öl auf beiden Seite ausbacken (das Öl darf nicht zu heiß sein).
Auf einem Küchentuch abtropfen lassen.

5 Zuletzt die Schokoladenglasur in einem Wasserbad schmelzen. Donuts in die geschmolzene Schokolade tunken und mit Zuckerperlen dekorieren.

Ich mache mit dem selben Teig auch Krapfen.

KLEINES, ABER FEINES

Mascarpone-Sticks

mit Kokos

15 – 20 Stück

20 Minuten

1 Stunde

DAS BRAUCHST DU

CREME

125 g Mascarpone
150 ml Schlagobers (Schlagsahne)
25 g Staubzucker (Puderzucker)
1 Pck. Vanillezucker
1 Schuss Eierlikör (oder alkoholfreie Variante)
1 Pck. Sahnesteif

BODEN

30 – 40 Löffelbiskuits
Milch zum Eintunken
Ca. 100 g Kokosraspeln

TOPPING

1 Handvoll Erdbeeren

AUSSERDEM

15 – 20 Muffin-Papierförmchen

Zum Rezeptvideo

UND SO GEHT'S

CREME

1. Alle Zutaten für die Creme in eine Schüssel geben und miteinander mixen, bis die Creme schön fest ist.

BODEN

1. Mit einem Spritzbeutel die Creme auf einen Löffelbiskuit spritzen und einen zweiten Löffelbiskuit darauflegen.
2. Dann von beiden Seiten in Milch tunken, in Kokos wälzen und in ein Muffinförmchen legen.

TOPPING

1. Mit der restlichen Creme und Erdbeerscheiben dekorieren.
2. Für eine Stunde kühl stellen, damit es durchziehen kann.

KLEINES, ABER FEINES

Lotus-Mini-Cheesecake

NO BAKE

6 – 8 Stück | 1 Muffinbackform | 20 Minuten | 2 x 60 Minuten

DAS BRAUCHST DU

BODEN
1 Pck. Lotus Biscoff Kekse (80 g + 6 – 8 weitere Kekse)
25 g Butter
6 – 8 Muffin-Papierförmchen

TOPPING
80 ml Schlagobers (Schlagsahne)
150 g Frischkäse Doppelrahmstufe
25 g Staubzucker (Puderzucker)
Ca. 40 g Lotus Biscoff Brotaufstrich

UND SO GEHT'S

BODEN

1. 80 Gramm der Lotus Biscoff Kekse zerbröseln. Die anderen 6 – 8 Kekse beiseitelegen.
2. Butter flüssig schmelzen und zu den Keksbröseln dazu mixen.
3. Muffinbackform mit Muffin-Papierförmchen auslegen. Keksbrösel gleichmäßig darin verteilen und mit der Unterseite von einem kleinen Glas festdrücken.

TOPPING

1. Alles bis auf den Brotaufstrich in eine Schüssel geben und gut mixen.
2. Creme mit einem Spritzbeutel auf den Keksboden spritzen. Mit einem Löffel die Oberfläche glattstreichen.
   Am besten für 1 Stunde in den Gefrierschrank stellen.
3. Den Lotus Biscoff Brotaufstrich schmelzen lassen.
   Vorsicht, dass er nicht zu heiß wird!
4. Gleichmäßig auf die Mini-Cheesecakes verteilen. Nochmal für 1 Stunde kühlstellen, damit das Topping fest wird.
5. Zum Schluss mit Keksen und Keksbröseln dekorieren.

KLEINES, ABER FEINES

Nusskipferl

32 Stück | 1 Backblech | 25 Minuten | 180 °C Heißluft 12 – 15 Minuten | 15 Minuten

DAS BRAUCHST DU

KIPFERL

170 g Mehl
100 g weiche Butter
100 g Frischkäse
1 EL Zucker

NUSSFÜLLUNG

50 g Zucker
50 g brauner Zucker
50 g gemahlene Walnüsse
1/2 TL Zimt (je nach Geschmack)

UND SO GEHT'S

KIPFERL

1 Alle Zutaten für die Kipferl zusammenmixen und für ca. 15 Minuten in den Kühlschrank stellen.

NUSSFÜLLUNG

2 In der Zwischenzeit alle Zutaten für die Nussfüllung in einer Schüssel verrühren.

KIPFERL FERTIGSTELLEN

1 Gekühlten Teig halbieren. 1/4 der Nussfüllung auf der Arbeitsplatte verteilen. Die erste Teighälfte darauf geben und ausrollen. Dann umdrehen, den nächsten Teil der Nussfüllung auf den Teig streuen und einarbeiten. Die zweite Teighälfte ebenso verarbeiten.

2 Beide Teige mit einem Pizzaschneider in je ca. 16 Dreiecke schneiden und von der länglichen Seite zur spitzen Seite einrollen.

3 Zum Schluss die Kipferl nochmals in der restlichen Nussfüllung wälzen.

4 Bei 180° C Heißluft ca. 12 – 15 Minuten goldig backen.

Schaumrollen

15 Stück | 1 Backblech | 1 Set Schaumrollenformen | 30 – 35 Minuten | 180 °C Heißluft 12 – 15 Minuten

DAS BRAUCHST DU

ROLLEN
1 Pck. Blätterteig
1 Eigelb
Backtrennspray oder Öl

FÜLLUNG
2 Eiklar
185 g Zucker
50 ml Wasser

UND SO GEHT'S

ROLLEN
1. Blätterteig in ca. 15 gleichmäßige Streifen schneiden.
2. Streifen leicht versetzt auf die Schaumrollenformen wickeln und mit Eigelb bestreichen. Die Formen unbedingt vorher mit Backtrennspray oder mit Öl ganz leicht einfetten!
3. Ca. 12 – 15 Minuten lang goldig backen.

FÜLLUNG
1. Eiklar richtig fest mixen. Dann mit 35 g Zucker zu steifem Schnee schlagen.
2. Den restlichen Zucker im Wasser ganz langsam ca. 10 Minuten köcheln lassen, bis das Wasser Fäden zieht. Danach das Zuckerwasser langsam in den Eischnee mixen.
3. Die Mischung in einen Spritzbeutel geben und damit die fertig gebackenen und ausgekühlten Schaumrollen füllen.

Schokomuffins

15 Stück

1 Muffinbackform

15 Minuten

180 °C Heißluft
18 – 20 Minuten

DAS BRAUCHST DU

3 Eier
220 g Zucker
100 ml Raps- oder Sonnenblumenöl
200 ml Schlagobers (Schlagsahne)
250 g Mehl
1/2 Pck. Backpulver
40 g Kakao
Ca. 70 g Schoko Chunks

OPTIONAL
1 Handvoll klein gehackte Nüsse

UND SO GEHT'S

1 Eier mit Zucker in einer Schüssel schaumig mixen.
Öl, Schlagobers, Mehl, Backpulver und Kakao nacheinander dazu mixen.

2 Zum Schluss einen kleinen Teil der Schoko Chunks beiseitelegen und Rest unter den Teig heben.

3 Teig in die vorbereiteten Muffinformen füllen.

4 Mit Schoko Chunks und gehackten Nüssen bestreuen und bei 180 °C Heißluft ca. 18 – 20 Minuten backen.

Schoko-Kokos-Schnitte

15 Stück

37 x 25 cm

30 Minuten

180 °C Heißluft
15 Minuten

DAS BRAUCHST DU

BODEN
100 g Butter
200 g Zucker
2 Pck. Vanillezucker
3 Eier
50 ml Öl
250 ml Milch
50 g Back-Kakao
250 g Mehl
1/2 Pck. Backpulver

SCHOKOGUSS
150 ml Schlagobers (Schlagsahne)
130 g dunkle Schokolade
1 Pck. Kokosraspeln

UND SO GEHT'S

BODEN

1 Butter, Zucker und Vanillezucker schaumig mixen. Eier nacheinander dazu mixen. Öl, Milch, Back-Kakao, Mehl und Backpulver nochmals kurz dazu mixen.

2 Die Backform mit Backpapier auslegen, den Kuchenteig reinfüllen und ca. 15 Minuten backen. Bitte Stäbchenprobe machen !

SCHOKOGUSS

1 Schlagobers (Schlagsahne) kurz aufkochen und von der Herdplatte nehmen.

2 Danach die Schokolade so lange einrühren, bis eine homogene Masse entsteht. Schokolade gleichmäßig auf dem Kuchen verteilen.

3 Zum Schluss Kokosraspeln drüberstreuen.

Vanille-Krapfen

8 – 10 Stück

1 große, tiefe Pfanne

40 Minuten

60 Minuten
+ 20 Minuten

DAS BRAUCHST DU

KRAPFEN
1/2 Würfel Germ (frische Backhefe)
2 EL Zucker
250 ml lauwarme Milch
50 g Butter
2 Eier
520 g Mehl
1 Stamperl Rum
(der Rum verhindert, dass die Krapfen zu fettig werden)

ZUM AUSBACKEN
700 ml Kokosfett (Ceres), Raps- oder Sonnenblumenöl

CREMEFÜLLUNG
500 ml Milch
100 g Zucker
2 Pck. Vanillezucker
2 Pck. Vanille-Puddingpulver
150 g Butter
50 ml Schlagobers (Schlagsahne)

ZUM BESTREUEN
Staubzucker (Puderzucker)

UND SO GEHT'S

KRAPFEN
1 Germ, lauwarme Milch und Zucker in einer Schüssel vermengen und ca. 5 Minuten warten. Danach restliche Zutaten zu einem glatten Teig mixen und abgedeckt mindestens 1 Stunde ruhen lassen.

2 Teig ca. 2 cm dick ausrollen. Krapfen mit einem Glas ausstechen. Nochmals abgedeckt auf einer bemehlten Arbeitsplatte ca. 20 Minuten rasten lassen.

3 Öl in Pfanne auf mittlerer Hitze erwärmen. Krapfen mit der trockenen oberen Seite ins Fett legen. Sofort mit einem Deckel abdecken, damit der typisch weiße Ring entsteht. Danach die Krapfen umdrehen und den Deckel abnehmen.

4 Nach dem Ausbacken auf einem Küchentuch abtropfen lassen.

CREMEFÜLLUNG
1 Vanillepuddingpulver mit einem Schuss kalter Milch vermischen, damit keine Klumpen entstehen.

2 Restliche Milch mit Zucker und Vanillezucker aufkochen. Vanillepudding einrühren und nochmals kurz aufkochen und abgedeckt auskühlen lassen.

3 Butter schaumig schlagen und abgekühlten Vanillepudding etappenweise dazu mixen.

4 Schlagobers steif mixen und unter die Vanillecreme heben.

5 Creme in einen großen Spritzbeutel geben und die aufgeschnittenen Krapfen füllen. Deckel draufsetzen und mit Staubzucker bestreuen.

KLEINES, ABER FEINES

Waffeln

mit Erdbeeren und Schokosoße

8 Stück | Waffeleisen | 15 Minuten

DAS BRAUCHST DU

WAFFELN
170 g weiche Butter
150 g Zucker
1 Prise Salz
4 Eier
200 g Mehl
1 TL Backpulver
100 ml Milch

ZUM AUSBACKEN
etwas Butter

NACH BELIEBEN
Erdbeeren
Geschmolzene
Schokolade

UND SO GEHT'S

WAFFELN

1 Butter und Zucker schaumig mixen. Salz, Eier, Mehl, Backpulver und Milch nacheinander dazu mixen .

2 Das Waffeleisen einfetten, die Waffeln darin ausbacken. Mit Staubzucker bestreuen.

NACH BELIEBEN

3 Mit Erdbeeren und geschmolzener Schokolade dekorieren.

KLEINES, ABER FEINES

Nougatkringerl
mit Marzipan

50 Stück | 1 Backblech | Ausstecher | 60 Minuten | 175 °C O/U 12 – 15 Minuten | 60 Minuten

DAS BRAUCHST DU

KRINGERL
150 g weiche Butter
1 Ei
130 g Zucker
1 Pck. Vanillezucker
250 g Mehl

MARZIPANSCHICHT
250 g Marzipan
2 Eiklar
1 kleiner Schuss Amaretto

TOPPING
200 g Nougat
Pistazien, gehackt

UND SO GEHT'S

KRINGERL
1 Butter, Ei, Zucker, Vanillezucker und Mehl zusammen mixen, bis ein schöner glatter Teig entsteht. Für 1 Stunde in den Kühlschrank stellen.

2 Währenddessen die Marzipanmasse mit dem Eiklar und dem Amaretto (am besten mit einem elektrischen Multischneider) mixen, bis eine glatte Konsistenz entsteht.

3 Den gekühlten Teig auf einer bemehlten Arbeitsplatte dünn ausrollen – falls er noch klebt, einfach ein bisschen Mehl darüber streuen. Dann mit der Form kleine Kringerl ausstechen.

MARZIPANSCHICHT
1 Marzipanmasse in einen Spritzsack füllen und rundherum auf die Kringerl drauf spritzen. Die Kringerl ca. 12 – 15 Minuten backen.

NOUGAT
1 Nougat schmelzen lassen, in der Mitte drauf spritzen und sprenkeln. Zum Schluss noch Pistazien darüber streuen.

Zum Rezeptvideo

KLEINES, ABER FEINES

Walnusskekse

mit Marillenmarmelade

20 Stück | Ausstecher | 35 Minuten | 180 °C O/U 10 – 12 Minuten | 60 Minuten

DAS BRAUCHST DU

TEIG

200 g weiche Butter
130 g Staubzucker (Puderzucker)
2 Pck. Orangenzucker (ich habe welchen von EdHaas verwendet)
3 Eigelb
280 g Mehl

FÜLLUNG

1 kleines Glas Marillenmarmelade

UND SO GEHT'S

TEIG

1 Alle Zutaten zu einem glatten Teig kneten und für 1 Stunde abgedeckt in den Kühlschrank stellen.

2 Nussförmchen beim ersten Backdurchgang mit Butter oder ein bisschen Backtrennspray einfetten.

3 Den Teig in Nussförmchen drücken und bei 180 °C ca. 10 – 12 Minuten goldig backen.

TEIG

1 Die Hälften mit Marillenmarmelade bestreichen und zusammensetzen.

2 Zum Schluss noch mit Staubzucker bestreuen.

Haas
BACKEN
Orangen
zucker

Schnelle Blechkuchen und Torten

Liebesroulade

12 Stück | 1 Backblech | 20 Minuten | 180 °C Heißluft 12 – 14 Minuten

DAS BRAUCHST DU

BISKUIT
5 Eier
150 g Kristallzucker
1 Pck. Vanillezucker
1 Prise Salz
10 ml Sonnenblumen- oder Rapsöl
10 g rote Lebensmittelfarbe
40 ml Milch
130 g Mehl
1/2 Pck. Backpulver (7 g)

CREME
250 g Mascarpone
350 ml Schlagobers (Schlagsahne)
50 g Staubzucker (Puderzucker)
1 Pck. Vanillezucker
1 Pck. Sahnesteif

AUSSERDEM
1 Handvoll Erdbeeren

UND SO GEHT'S

BISKUIT
1 Eier, Kristallzucker, Vanillezucker und Salz ca. 10 Minuten schaumig mixen.

2 Öl, Lebensmittelfarbe und Milch dazugeben und vorsichtig bei mittlerer Stärke untermixen. Dann Mehl und Backpulver durch ein Sieb geben und mit einem Spachtel vorsichtig unterheben.

3 Ein großes Backblech mit Backpapier auslegen, den Teig draufgeben und ca. 12 – 14 Minuten backen.
Wenn der Teig fertig gebacken ist, links und rechts einen dünnen Streifen abschneiden und beiseitelegen.

4 Die noch heiße Roulade auf ein Geschirrtuch mit Kristallzucker stürzen, Backpapier runter ziehen und wieder drauf legen und einrollen. Gut auskühlen lassen.

CREME
1 Alle Zutaten in eine Schüssel geben und so lange mixen, bis die Creme schön fest ist.

2 Die Hälfte der Creme auf den ausgekühlten Biskuit streichen und länglich einrollen. Mit einem weiteren Teil die Biskuit-Roulade außen einstreichen. Die restliche Creme in einen Spritzbeutel einfüllen und die Roulade dekorieren.

3 Die beiden Teigstreifen mit einem Mixer zerbröseln und die Roulade am Rand mit den roten Bröseln dekorieren.

4 Beliebig mit frischen Erdbeeren dekorieren.

Bellinitorte

12 Stück | ∅ 26 cm | 45 Minuten | 180 °C Heißluft 18 – 20 Minuten | 1 Nacht

DAS BRAUCHST DU

BODEN
2 Eier
90 g Zucker
40 ml Milch
40 ml Öl
90 g Mehl
1/2 TL Backpulver

PFIRSICHCREME
10 Pfirsichhälften aus der Dose
100 g Staubzucker (Puderzucker)
1 Flasche Piccolo-Sekt (200 ml) oder alkoholfreie Alternative
8 Blätter Gelatine oder Agar Agar
250 ml Schlagobers (Schlagsahne)

BUTTERMILCHCREME
250 ml Buttermilch
70 g Staubzucker (Puderzucker)
4 Blätter Gelatine oder Agar Agar
200 ml Schlagobers (Schlagsahne)

UND SO GEHT'S

BODEN
1 Die Eier mit dem Zucker in einer Schüssel schaumig rühren. Milch, Öl, Mehl und Backpulver nacheinander dazu mixen.

2 Eine Backform mit Backpapier auslegen, Teig reinfüllen und bei 180 °C Heißluft für ca. 18 – 20 Minuten backen.

PFIRSICHCREME
1 Die Pfirsichhälften in einer hohen Schüssel pürieren. Staubzucker und Sekt dazugeben und kurz mit dem Stabmixer untermixen.

2 Gelatineblätter ein paar Minuten in Wasser einweichen, ausdrücken und in einem kleinen Topf mit 5 Esslöffel der Pfirsichmasse kurz erwärmen (nicht kochen!), bis sich alles schön aufgelöst hat. Zu der Masse gießen.

3 Schlagobers steifmixen und unter die Pfirsichcreme heben. Auf dem abgekühlten Tortenboden verteilen.

BUTTERMILCHCREME
1 Buttermilch in einer Schüssel mit dem Staubzucker vermixen.

2 Gelatineblätter in Wasser ein paar Minuten einweichen, ausdrücken und mit 5 Löffel Buttermilchmischung kurz erwärmen (nicht kochen!), bis sich alles schön aufgelöst hat. Zur restlichen Masse gießen.

3 Schlagobers steifmixen und unter die Buttermilchcreme heben. Die Masse in einen Spritzsack füllen und mit kreisförmigen Bewegungen in die Pfirsichcremeschicht spritzen.

4 Am besten abgedeckt über Nacht in den Kühlschrank stellen!

Erdbeer-Cheesecake

12 Stück	23 x 26 cm	40 – 45 Minuten	180 °C Heißluft 10 Minuten	1 Nacht

DAS BRAUCHST DU

BODEN
3 Eier
1 Pck. Vanillezucker
90 g Zucker
2 EL Öl
75 g Mehl
40 g Speisestärke

ERDBEERSOSSE
250 g Erdbeeren
100 g Kristallzucker

CREME
200 g Frischkäse
250 g Mascarpone
1 Sahnesteif
70 g Zucker
1 Pck. Vanillezucker
400 ml Schlagobers

AUSSERDEM
Etwas Milch
32 Butterkekse

TOPPING
80 ml Schlagobers (Schlagsahne)
150 g weiße Schokolade

UND SO GEHT'S

BODEN
1 Eier, Vanillezucker und Zucker schaumig mixen. Öl, Mehl und Speisestärke kurz dazu mixen. Bei 180 °C Heißluft ca. 10 Minuten goldig backen.

ERDBEERSAUCE
1 Die Erdbeeren mit dem Kristallzucker ca. 5 – 10 Minuten köcheln lassen, bis sie schön weich sind. Zwischendurch immer wieder umrühren.

2 Danach durch ein feines Sieb drücken, damit alle Kerne entfernt sind, und die Sauce auskühlen lassen. Für die Dekoration etwas Erdbeersauce beiseitelegen!

CREME
1 Alle Zutaten in eine Schüssel geben und so lange mixen, bis die Creme schön fest ist.

2 Den abgekühlten Kuchenboden in einen Backrahmen legen. Ein bisschen Milch über den Kuchenboden tröpfeln. Einen Teil der Creme dünn darüberstreichen.

3 Butterkekse in Milch tunken und nacheinander auf die Cremeschicht legen. Wieder eine Schicht Creme auftragen und die Erdbeersauce über die Creme träufeln.

4 Noch eine Schicht in Milch getunkte Butterkekse darauflegen und nochmal etwas Erdbeersauce darüber träufeln. Mit der Creme abschließen.

Zum Rezeptvideo

ZUM SCHLUSS

1. Schlagobers erhitzen und von der Kochplatte nehmen. Weiße Schokolade klein hacken, zum Schlagobers geben und so lange mit dem Schneebesen rühren, bis alles schön glatt ist.

2. Die Masse ein bisschen auskühlen lassen, dann auf die Creme geben und gleichmäßig verteilen. Mit dem Löffel die restliche Erdbeersauce darüber träufeln und mit einem Zahnstocher marmorieren.

3. Am besten über Nacht abgedeckt in den Kühlschrank stellen.

Ich habe dafür einen verstellbaren Backrahmen genommen und ihn mit ca. 23 x 26 cm eingestellt, damit ca. 4 x 4 Butterkekse darin Platz haben.

hand made

Erdbeer-Topfenschnitte

10 Stück

1 Backblech
45 x 37 cm

40 – 45 Minuten

220 °C Heißluft
6 Minuten

3 Stunden
- 1 Nacht

DAS BRAUCHST DU

BODEN

5 Eier
190 g Zucker
1 Pck. Vanillezucker
1 Prise Salz
95 g Speisestärke
95 g Mehl

TOPFENCREME

500 g Topfen (Quark)
500 ml Schlagobers (Schlagsahne)
2 Pck. Vanillezucker
3 – 4 EL Zucker (je nach Geschmack)
1 Schale frische Erdbeeren

UND SO GEHT'S

BODEN

1. Eier, Zucker und Vanillezucker ca. 5 Minuten schaumig mixen. Salz, Speisestärke und Mehl vorsichtig nur kurz untermixen.
2. Ein Backblech mit Backpapier auslegen und den Teig gleichmäßig darauf verteilen.
3. Mit der Heißluftfunktion ca. 6 Minuten backen und gut auskühlen lassen.
4. Dann in 3 gleich große rechteckige Stücke schneiden.

TOPFENCREME

1. Erdbeeren waschen und klein schneiden. Ein paar für die Deko / das Topping zur Seite stellen.
2. Topfen, Schlagobers, Vanillezucker und Zucker in eine Schüssel geben und zu einer festen Creme mixen. Einen kleinen Teil der Creme beiseite-stellen.
3. Den Rest gleichmäßig auf alle 3 Stücke verteilen und glatt streichen. Den ersten Boden auf eine Tortenplatte legen und diesen mit geschnittenen Erdbeerwürfeln belegen.
4. Dann den mittleren Boden darauflegen und auch mit Erdbeerwürfeln belegen. Den oberen Boden als letztes ohne Erdbeeren darauflegen.
5. Mit der beiseitegestellten Creme die Schnitte an den Seiten einstreichen und oben mit dem Spritzbeutel dekorieren.
6. Mit Erdbeeren dekorieren und mindestens für 3 Stunden oder besser über Nacht abgedeckt kühlstellen.

Himbeer-Brioche

10 – 12 Stück | 30 x 11 x 8 cm | 30 Minuten | 180 °C Heißluft 25 – 30 Minuten | 60 Minuten + 20 Minuten

DAS BRAUCHST DU

TEIG
1/2 Würfel Backhefe
110 ml lauwarme Milch
50 g Zucker
40 g weiche Butter
1 Ei
300 g Mehl
1 Prise Salz

MARMELADE
ca. 150 – 200 g
gefrorene Himbeeren
1 EL Zucker
1 – 2 EL Gelierzucker

Bestreichen
1 Eigelb
Schuss Milch

Zum Rezeptvideo

UND SO GEHT'S

TEIG
1. Hefe, lauwarme Milch und Zucker miteinander vermengen und ca. 5 Minuten ruhen lassen.
2. Danach die restlichen Zutaten dazugeben und gut kneten.
3. 1 Stunde zugedeckt ruhen lassen.

MARMELADE
1. Währenddessen die gefrorenen Himbeeren mit dem Zucker und Gelierzucker in einen Kochtopf geben.
2. Alles miteinander ca. 5 Minuten abgedeckt köcheln lassen. Dann die fertige Himbeermarmelade beiseitestellen.
3. Den Teig auf der Arbeitsplatte länglich ausrollen. Die Marmelade drüber streichen und den Teig auf der länglichen Seite einrollen.
4. Die zwei Stränge ineinander drehen und auf dem Backpapier in eine Kastenform legen.
5. Nochmals für 20 Minuten abgedeckt ruhen lassen.
6. Anschließend mit Eigelb und Schuss Milch bestreichen, einschneiden und ca. 25 – 30 Minuten backen.

Joghurttorte

mit Pfirsichfruchtspiegel

12 Stück | Ø 26 cm | 40 Minuten | 180 °C Heißluft 18 – 20 Minuten | 1 Stunde + 3 Stunden

DAS BRAUCHST DU

BODEN
2 Eier
90 g Zucker
40 ml Milch
40 ml Öl
90 g Mehl
1/2 TL Backpulver

JOGHURTSCHICHT
10 Blätter Gelatine oder Agar Agar
500 g Joghurt 3,6 %
180 g Zucker
1 Pck. Vanillezucker
500 g Schlagobers (Schlagsahne)

FRUCHTSPIEGEL
3 Pfirsichhälften aus der Dose
200 ml Pfirsichsaft aus der Dose
50 g Staubzucker (Puderzucker)
5 Blätter Gelatine oder Agar Agar

UND SO GEHT'S

BODEN

1. Eier und Zucker schaumig mixen. Die restlichen Zutaten nacheinander dazu mixen. Backform mit Backpapier auslegen und den Teig reinfüllen. Bei 180°C Heißluft ca. 18 – 20 Minuten backen.

JOGHURTSCHICHT

1. Joghurt mit Zucker und Vanillezucker zusammen mixen. Schlagobers steif mixen und unter die Joghurtmasse heben.
2. Gelatine in Wasser einweichen, ausdrücken und in einem Topf leicht erwärmen (nicht kochen!), bis die Gelatine flüssig ist.
3. Mit einem Schneebesen 5 Esslöffel der Joghurtmasse in die flüssige Gelatine einrühren. Diese anschließend unter die gesamte Joghurtmasse heben.
4. Die Joghurtmasse auf dem ausgekühlten Tortenboden verteilen und ca. 1 Stunde in den Kühlschrank stellen.

FRUCHTSPIEGEL

1. Die Pfirsichhälften mit Pfirsichsaft und Staubzucker zusammen pürieren.
2. Gelatineblätter in Wasser einweichen, ausdrücken und anschließend erwärmen (nicht kochen!), bis die Gelatine flüssig ist.
3. Das Pfirsichpüree mit dem Schneebesen dazu mischen und vorsichtig auf die Joghurtschicht gießen. Abgedeckt für ca. 3 Stunden oder besser über Nacht kühlstellen.

Orangenschnitte

15 Stück | 24 x 36 cm | 40 Minuten | 175 °C Heißluft 20 Minuten

DAS BRAUCHST DU

BODEN
5 Eier
160 g Zucker
1 Pck. Vanillezucker
1 EL Speisestärke
1 TL Backpulver
150 g Mehl

ORANGENCREME
700 ml Orangensaft
2 Pck. Vanillepudding
3 EL Kristallzucker

TOPPING
750 ml Schlagobers (Schlagsahne)
2 Pck. Sahnesteif
2 EL Zucker
1 Pck. Vanillezucker
16 Butterkekse
Staubzucker (Puderzucker)

UND SO GEHT'S

BODEN
1 Eier, Zucker und Vanillezucker 5 Minuten schaumig mixen. Danach Speisestärke, Backpulver und Mehl unterheben.

2 Ein Backblech mit Backpapier auslegen. Den Teig draufgeben und bei 175 °C ca. 20 Minuten backen.

ORANGENCREME
1 Orangensaft, Vanillepudding und Zucker in einem Topf zum Kochen bringen und gut umrühren, bis ein Pudding entsteht.
Sofort auf dem Teig verteilen. Auskühlen lassen.

TOPPING
1 Schlagobers, Sahnesteif, Zucker und den Vanillezucker steif schlagen und über die Orangencreme streichen.

2 Mit Butterkeksen bedecken und vorm Servieren mit Staubzucker bestreuen.

Schneller Erdbeerkuchen
mit Pudding

12 Stück | Backform | 20 Minuten | 180 °C Heißluft 18 – 20 Minuten

DAS BRAUCHST DU

BODEN
2 Eier
90 g Zucker
40 ml Milch
40 ml Sonnenblumenöl
90 g Mehl
1/2 TL Backpulver

CREME
400 ml Milch
1 Pck. Vanillepudding
2 EL Zucker
50 g weiche Butter
1 Pck. Vanillezucker

TOPPING
1 Schale frische Erdbeeren
1 Pck. roten Tortenguss

UND SO GEHT'S

BODEN
1. Eier und Zucker in einer Schüssel schaumig mixen. Milch, Öl, Mehl und Backpulver nacheinander dazu mixen.
2. Die Obstkuchen-Backform mit Backtrennspray oder Butter einfetten und den Teig einfüllen.
   Bei 180°C Heißluft ca. 18 – 20 Minuten backen.

VANILLEPUDDINGCREME
1. Milch, Vanillepuddingpulver und Zucker vermischen, aufkochen und abgedeckt auskühlen lassen.
2. Butter und Vanillezucker miteinander schaumig mixen. Den ausgekühlten Pudding nach und nach zur geschlagenen Butter dazu mixen.

TOPPING
1. Puddingcreme auf den Tortenboden geben.
   Erdbeeren kleinschneiden und darauf verteilen.
2. Zum Schluss den Tortenguss nach Packungsanleitung kochen und noch heiß übergießen.

Hand made

Schneller Apfelkuchen

12 Stück

∅ 26 cm

15 Minuten

180 °C Heißluft
45 Minuten

DAS BRAUCHST DU

60 g weiche Butter
2 Eier
150 g Zucker
1 Pck. Vanillezucker
1 Prise Zimt
100 ml Milch
100 g Mehl
1/2 Pck. Backpulver
Ca. 700 g Äpfel
1 Pck. gehobelte Mandeln
Staubzucker (Puderzucker)

UND SO GEHT'S

1 Butter mit Eiern und Zucker schaumig mixen. Vanillezucker, Zimt, Milch, Mehl und Backpulver hinzugeben und alles gut vermixen.

2 Äpfel schälen, entkernen und in dünne Scheiben schneiden und unter den Teig heben.

3 Eine Backform mit Backpapier auslegen und den Teig darauf geben. Mandelblätter darüber streuen und alles bei 180 °C Heißluft ca. 45 Minuten backen.

4 Nach dem Abkühlen mit Staubzucker bestreuen.

Zum Rezeptvideo

Schokoladentorte

12 Stück	Ø 26 cm	50 Minuten	180 °C Heißluft 22 Minuten	3 Stunden - 1 Nacht

DAS BRAUCHST DU

BODEN
2 Eier
100 g Zucker
1 Prise Salz
110 ml Rapsöl oder Sonnenblumenöl
125 ml Milch
1 1/2 TL Backkakao
1/2 Pck. Backpulver
150 g Mehl

Für die Tinktur
50 ml Milch
1 EL Trinkkakao-Pulver

CREME
250 g Mascarpone
4 EL Nuss-Nougatcreme (z.B. Nutella)
200 g Schlagobers (Schlagsahne)
1 Pck. Sahnesteif
Ca. 50 g Kochschokolade (Blockschokolade)

GANACHE
100 ml Schlagobers (Schlagsahne)
100 g Kochschokolade + 1 kleines Stück für Schokoraspel

UND SO GEHT'S

BODEN
1. Eier mit Zucker und Salz schaumig mixen danach die restlichen Zutaten zusammen mixen.
2. Die Tortenform mit Backpapier auslegen. Masse reinfüllen und bei 180 °C ca. 22 Minuten backen.
3. Direkt nachdem der Boden fertig gebacken ist, die Milch mit dem Trinkkakao erwärmen, auf den Boden gießen und auskühlen lassen. Den Backring noch nicht entfernen!

CREME
1. Mascarpone mit Nuss-Nougatcreme zu einer glatten Creme mixen.
2. Schlagobers mit Sahnesteif steif mixen und unter Mascarpone-Nuss-nougat-Masse heben.
3. Kochschokolade mit einem Messer in feine Stücke hacken, ebenfalls unter die Masse heben und diese auf die Torte draufstreichen.

GANACHE
1. Schlagobers erhitzen, Herdplatte ausschalten und Kochschokolade hineingeben. So lange umrühren, bis die Schokolade geschmolzen und eine schöne cremige Ganache entstanden ist.
2. Diese ein bisschen auskühlen lassen und (nicht zu heiß) über die Tortencreme gießen. Anschließend die Torte abgedeckt mindestens 3 Stunden oder besser über Nacht in den Kühlschrank stellen.
3. Tortenring von der Torte entfernen. Zum Schluss das restliche Stück Kochschokolade mit einem Reibeeisen raspeln und über der Ganache verteilen.

Tiramisu-Torte

12 Stück | ∅ 26 cm | 30 Minuten | 180 °C Heißluft 12 – 15 Minuten | 3 Stunden - 1 Nacht

DAS BRAUCHST DU

BODEN
2 Eier
1 Prise Salz
1 Pck. Vanillezucker
60 g Zucker
1 EL Rum (oder alkoholfreie Alternative)
1 EL Sonnenblumenöl
50 g Mehl
25 g Speisestärke

FÜLLUNG
500 g Mascarpone
100 g Staubzucker
50 ml Eierlikör
250 ml Sahne
2 EL Cappuccino Pulver
1 Packung Biscotten (Löffelbiskuit)
1 große Portion Kaffee
1 Schuss Rum (oder alkoholfreie Alternative)

AUSSERDEM
Etwas Kakaopulver

Zum Rezeptvideo

UND SO GEHT'S

BODEN
1. Eier, Salz, Vanillezucker, Zucker, Rum und Öl schaumig mixen. Dann Mehl und Speisestärke unterheben.
2. Backform mit Backpapier auslegen, mit dem Teig füllen und bei 180 °C Heißluft ca. 12 – 15 Minuten goldig backen.

FÜLLUNG
1. Mascarpone mit Puderzucker zu einer homogenen Masse mixen. Danach Eierlikör, Sahne und Cappuccino Pulver dazugeben. So lange mixen, bis eine feste Creme entsteht.
2. Die Hälfte der Creme auf den ausgekühlten Boden streichen.
3. Kaffee mit Rum mixen, Biscotten darin eintunken und dicht aneinander auf die Cremeschicht legen, bis alles abgedeckt ist.
4. Die restliche Creme über die Biscotten streichen.
5. Die Torte abgedeckt für ca. 2 – 3 Stunden oder besser über Nacht in den Kühlschrank stellen.
6. Vor dem Servieren mit Kakaopulver bestreuen.

Topfen-Himbeerkuchen

12 Stück

24 x 36 cm

20 Minuten

180 °C Heißluft
25 Minuten

DAS BRAUCHST DU

BODEN

3 Eier
170 g Zucker
140 ml Milch
140 ml Sonnenblumenöl
340 g Mehl
1/2 Pck. Backpulver

TOPFENCREME

250 g Topfen (Quark)
1 Ei
1 TL Vanillezucker
1 EL Zucker

TOPPING

Ca. 250 g gefrorene Himbeeren
Staubzucker (Puderzucker)

UND SO GEHT'S

1 Eier mit Zucker schaumig mixen. Danach die restlichen Zutaten nacheinander dazu mixen.

2 Ein Backblech mit Backpapier auslegen und den Teig darauf verteilen.

3 Für die Topfencreme alle Zutaten zusammen mixen.
Creme mit einem großen Löffel auf dem Kuchenteig verteilen und vorsichtig mit der Spitze einer Gabel marmorieren.

4 Die gefrorenen Himbeeren darüber verteilen und alles bei 180 °C Heißluft ca. 25 Minuten backen.

5 Vorm Servieren mit Staubzucker bestäuben.

Zum Rezeptvideo

Topfen-Pfirsichtorte

12 Stück | Ø 26 cm | 35 Minuten | 180 °C Heißluft 20 – 25 Minuten | 3 Stunden

DAS BRAUCHST DU

BODEN

6 Eier
180 g Zucker
1 Pck. Vanillezucker
180 g Mehl
1 TL Backpulver

TOPFENCREME

250 g Topfen (Quark)
1 Pck. Vanillezucker
250 ml Schlagobers (Schlagsahne)
1 Pck. Sahnesteif
1 – 2 EL Staubzucker (Puderzucker)
nach Belieben
1 Dose Pfirsichhälften

UND SO GEHT'S

BODEN

1 Eier, Zucker und Vanillezucker in eine hohe Schüssel geben und mindestens fünf Minuten lang schaumig schlagen.
Mehl und Backpulver in die Schüssel sieben und vorsichtig unterheben.

2 Eine Backform mit Backpapier auslegen. Den Teig darauf geben und ca. 20 – 25 Minuten backen. Anschließend gut auskühlen lassen.

TOPFENCREME

1 Topfen, Vanillezucker, Staubzucker, Schlagobers und Sahnesteif mixen, bis die Masse schön cremig fest ist.

2 Ca. 5 – 6 Pfirsichhälften klein schneiden und unter die Creme heben.

3 Den ausgekühlten Tortenboden in der Mitte durchschneiden. Den unteren Boden in einen frischen Tortenring legen.

4 Creme auf der unteren Schicht verteilen. Den zweiten Tortenboden darauflegen.

5 Die Torte für mindestens 3 Stunden abgedeckt kühlstellen.

6 Zum Schluss mit Staubzucker bestreuen.

Topfengitterkuchen

16 Stück | 1 Backblech 44 x 37 cm | 25 Minuten | 180 °C Heißluft 30 – 35 Minuten

DAS BRAUCHST DU

BODEN
5 Eigelb
320 g Zucker
1/8 l Sonnenblumenöl oder Rapsöl
1/8 l Wasser
320 g Mehl
1/2 Pck. Backpulver
5 Eiklar

TOPFENMASSE
500 g Topfen (Quark 20%)
2 Pck. Vanillezucker
100 g Zucker
2 Eigelb
2 Eiklar

Zum Rezeptvideo

UND SO GEHT'S

BODEN

1 Eigelb mit Zucker schaumig mixen. Öl, Wasser, Mehl und Backpulver nacheinander unterheben. Zum Schluss Eiklar zu Eischnee steif mixen und unterheben.

2 Den Teig auf einem mit Backpapier ausgelegten Backblech verteilen.

TOPFENMASSE

1 Topfen, Vanillezucker, Zucker und Eigelb zusammen mixen. Eiklar zu Eischnee steif mixen und unter die Topfenmasse heben.

2 In einen Spritzbeutel füllen und ein rautenförmiges Gitter auf den Teig spritzen.

3 Bei 180°C ca. 30 – 35 Minuten goldig backen.

Trilece

Milchkuchen

16 Stück | 24 x 36 cm | 30 Minuten | 180 °C Heißluft 15 – 18 Minuten | 1 Stunde + 1 Nacht

DAS BRAUCHST DU

BODEN
6 Eier
150 g Zucker
20 ml Sonnenblumenöl oder Rapsöl
60 ml Milch
200 g Mehl
1/2 Pck. Backpulver

MILCHMISCHUNG
400 ml Milch
100 ml Schlagobers (Schlagsahne)
50 g Zucker

CREME
600 ml Schlagobers (Schlagsahne)
2 Pck. Vanillezucker
2 Pck. Sahnesteif

TOPPING
1 Dose karamellisierte Kondensmilch (ist im türkischen Supermarkt erhältlich)

UND SO GEHT'S

BODEN
1 Eier mit Zucker ca. 5 Minuten schaumig mixen. Öl und Milch unterheben. Zum Schluss Mehl und Backpulver vorsichtig dazu mixen.

2 Eine Backform mit Backpapier auslegen, den Teig darauf geben und bei 180 °C circa 15 – 18 Minuten backen.

MILCHMISCHUNG
1 Milch zusammen mit Schlagobers und Zucker kurz erwärmen, bis sich der Zucker aufgelöst hat. Die aufgewärmte Milchmischung gleichmäßig über den fertiggebackenen Kuchen verteilen und auskühlen lassen.

CREME
1 Schlagobers, Vanillezucker und Sahnesteif kurz mixen (darf noch nicht fest sein). 2 –3 Esslöffel in einen Spritzsack einfüllen und in den Kühlschrank stellen (wird für die Deko benötigt).

2 Dann den Schlag etwas fester mixen (aber nicht zu fest), auf dem ausgekühlten Kuchenboden gleichmäßig verteilen und für ca. 1 Stunde abgedeckt in den Kühlschrank stellen.

TOPPING
1 Währenddessen Kondensmilch kurz erwärmen (darf nicht zu warm sein), bis sie sich gut verstreichen lässt. Die lauwarme Karamellsauce vorsichtig über die Cremeschicht verteilen und glattstreichen.

2 Mit der restlichen Creme im Spritzbeutel Linien aufspritzen und mit einem Zahnstocher ein Muster ziehen (siehe Bild rechts).

3 Den Kuchen für mindestens 3 Stunden oder besser über Nacht abgedeckt kühlstellen.

Cremiger Kokos-Cheesecake

12 Stück

∅ 26 cm

20 Minuten

180 °C Heißluft
40 Minuten

DAS BRAUCHST DU

BODEN
1 kg Topfen (Quark 20 %)
130 g Zucker
2 Eier
50 g Speisestärke
200 ml Milch
150 g Kokosraspeln

TOPPING
Staubzucker (Puderzucker)
1 Handvoll Kokosraspeln

UND SO GEHT'S

BODEN
1 Alle Zutaten in eine Schüssel geben und schön zusammen mixen.

2 Eine Backform mit Backpapier auslegen und den Teig reinfüllen. Bei 180 °C Heißluft ca. 40 Minuten backen.

TOPPING
3 Auskühlen lassen und mit Staubzucker und Kokosraspeln bestreuen.

Zum Rezeptvideo

Schwarzwälder Kirschroulade

12 Stück | 1 Backblech | 40 Minuten | 180 °C Heißluft 12 – 14 Minuten

DAS BRAUCHST DU

BODEN
5 Eier
150 g Zucker
1 Pck. Vanillezucker
1 Prise Salz
10 ml Sonnenblumen- oder Rapsöl
20 g Kakaopulver
40 ml Milch
130 g Mehl
1/2 Pck. Backpulver (7 g)
Kristallzucker

FÜLLUNG
200 g abgetropfte Weichseln (Sauerkirschen)
100 ml Weichselsaft
10 g Speisestärke
1 EL Gelierzucker
500 ml Schlagobers (Schlagsahne)
2 Pck. Sahnesteif
1 EL Staubzucker

DEKO
250 ml Schlagobers (Schlagsahne)
1 Sahnesteif
1 EL Staubzucker
100 g Schokoraspeln

UND SO GEHT'S

BODEN
1 Eier, Zucker, Vanillezucker und Salz ca. 5 Minuten schaumig mixen. Öl, Kakaopulver und Milch vorsichtig dazu mixen. Dann Mehl und Backpulver durch ein Sieb geben und mit einem Spachtel vorsichtig unterheben.

2 Ein großes Backblech mit Backpapier auslegen und den Teig draufgeben. Bei 180 °C ca. 12 – 14 Minuten backen.

3 Zucker auf ein ausgebreitetes Geschirrtuch streuen. Den noch heißen Rouladenboden darauflegen und das Backpapier ablösen. Backpapier noch mal darauflegen und den Boden zusammen mit dem Geschirrtuch einrollen. Dann gut auskühlen lassen.

FÜLLUNG
1 Weichseln, Weichselsaft, Speisestärke und Gelierzucker in einen Kochtopf geben und einmal kurz aufkochen lassen, bis die Masse eingedickt ist. Dabei öfter umrühren, damit nichts anbrennt. Anschließend komplett auskühlen lassen.

2 Schlagobers, Sahnesteif und Staubzucker in einer hohen Schüssel steif mixen. Die Creme gleichmäßig auf den ausgekühlten Boden streichen.

3 Die ausgekühlten Kirschen am linken Rand entlang verteilen und den Boden vorsichtig von links nach rechts einrollen.

DEKO
1 Schlagobers, Sahnesteif und Staubzucker in einer hohen Schüssel steif mixen. Einen kleinen Teil in einen Spritzbeutel füllen und den Rest gleichmäßig auf die Roulade streichen.

2 Die Roulade mit Schokoraspeln dekorieren, mit einem Spritzbeutel kleine Cremehäubchen aufspritzen und mit den Kirschen dekorieren.

Zum Rezeptvideo

Marillenkuchen

12 Stück | 24 x 36 cm | 20 Minuten | 180 °C Heißluft 30 – 35 Minuten

DAS BRAUCHST DU

BODEN
250 g weiche Butter
250 g Zucker
1 Pck. Vanillezucker
5 Eier
250 g Mehl
1/2 Pck. Backpulver

TOPPING
ca. 700 g frische Marillen

UND SO GEHT'S

BODEN

1 Butter mit Zucker und Vanillezucker ca. 5 Minuten schaumig mixen. Eier nacheinander dazu mixen.
Dann Mehl und Backpulver nochmals kurz dazu mixen.

2 Teig in eine mit Backpapier belegte Backform füllen.

TOPPING

3 Marillen entkernen, in Streifen schneiden und drauflegen. Bei 180 °C Heißluft circa 30 – 35 Minuten backen.

Ribisel-Topfenkuchen

12 Stück	∅ 26 cm	30 Minuten	180 °C Heißluft 22 – 25 Minuten

DAS BRAUCHST DU

TEIG
2 Eier
125 g Zucker
100 ml Milch
100 ml Sonnenblumen- oder Rapsöl
250 g Mehl
1/2 Pck. Backpulver

TOPFENCREME
250 g Topfen (Quark)
1 Ei
1 Tl Vanillezucker
1 EL Zucker

TOPPING
200 g Ribisel (Johannisbeeren)

UND SO GEHT'S

TEIG
1. Eier mit Zucker in eine Schüssel geben und schaumig mixen. Milch, Öl, Mehl und Backpulver nacheinander dazugeben und zusammen mixen.
2. Eine Backform mit Backpapier auslegen und den Teig einfüllen.

TOPFENCREME
1. Alle Zutaten in eine Schüssel geben und zusammen mixen. Topfencreme mit dem Löffel auf dem Teig verteilen und mit einer Gabel marmorieren.

TOPPING
1. Ribisel drauf verteilen und bei 180 °C Heißluft ca. 40 Minuten backen. Stäbchenprobe machen!

Zum Rezeptvideo

Zimtschneckenkuchen

12 Stück

25 x 35 cm

20 Minuten

180 °C Heißluft
22 – 25 Minuten

DAS BRAUCHST DU

BODEN
75 g weiche Butter
2 Eier
360 ml Milch
150 g Zucker
1 Pck. Vanillezucker
420 g Mehl
70 ml Sonnenblumen- oder Rapsöl
1 Pck. Backpulver
1 Prise Salz

ZIMTFÜLLUNG
100 g Butter
100 g brauner Zucker
1 EL Mehl
1 EL Zimt, gehäuft

GLASUR
80g Puderzucker
4 EL Milch

Zum Rezeptvideo

UND SO GEHT'S

BODEN

1 Butter mit Eiern kurz schaumig mixen. Dann die anderen Zutaten nacheinander dazugeben und zusammen mixen.

2 Den Teig in eine mit Backpapier belegte Backform füllen.

ZIMTFÜLLUNG
1 Butter schmelzen lassen. Zucker, Mehl und Zimt in eine Schüssel geben und zusammen mit der Butter vermischen.

2 Auf den Teig verteilen und mit einem Stab marmorieren.
Bei 180 °C Heißluft circa 22 – 25 Minuten backen.

GLASUR
1 Milch mit Puderzucker vermischen und auf dem gebackenen Kuchen verteilen.

Zitronen-Mohnkuchen

10 – 12 Stück | 25 x 12 cm | 20 Minuten | 180 °C Heißluft 45 – 50 Minuten

DAS BRAUCHST DU

KUCHEN

3 Eier
200 g Zucker
70 g weiche Butter
50 ml Sonnenblumenöl oder Rapsöl
100 g Joghurt
Saft von 1/2 Zitrone
Schale von 1 Zitrone
230 g Mehl
1/2 Pck. Backpulver
80 g geriebenen Mohn
50 ml Milch

TOPPING

2 EL Staubzucker (Puderzucker)
1 Schuss Zitronensaft
Pistazien

UND SO GEHT'S

KUCHEN

1 Eier mit Zucker und Butter schaumig mixen. Öl, Joghurt, Zitronensaft, Zitronenschale, Mehl und Backpulver nacheinander dazu geben und erneut mixen.

2 1/3 vom Teig in eine weitere Schüssel geben und den geriebenen Mohn sowie die Milch mit einem Schneebesen unterheben.

3 Mohnteigmasse in eine mit Backpapier ausgelegte Kastenform füllen und zum Schluss den hellen Teig von davor gleichmäßig darüber verteilen.

4 Mit der Spitze eines Messers leicht den Teig in der Mitte länglich durchziehen und anschließend bei 180 °C Heißluft ca. 45 – 50 Minuten backen.

TOPPING

1 Den Staubzucker mit dem Zitronensaft vermengen und über dem Kuchen verteilen.

2 Mit Pistazien dekorieren.

Zum Rezeptvideo

Zwetschkenkuchen

mit Streusel

10 – 12 Stück	∅ 26 cm	30 Minuten	180 °C Heißluft 45 – 50 Minuten

DAS BRAUCHST DU

RÜHRTEIG
150 g weiche Butter
170 g Zucker
1 Prise Salz
3 Eier
170 g Mehl
100 g gemahlene Walnüsse oder Haselnüsse
1/2 Pck. Backpulver
1 TL Zimt
150 ml Milch
Ca. 400 g Zwetschken (Zwetschgen)

STREUSEL
125 g Mehl
100 g gemahlene Walnüsse oder Haselnüsse
1 Pck. Vanillezucker
70 g Zucker
85 g kalte Butter
1 TL Zimt

UND SO GEHT'S

RÜHRTEIG
1. Butter mit Zucker und Salz schaumig mixen. Dann Eier, Mehl und Backpulver nacheinander dazu mixen. Zum Schluss Haselnüsse oder Walnüsse, Zimt und Milch nacheinander dazu mixen.
2. Den Teig in eine mit Backpapier belegte Backform füllen.
3. Zwetschken entkernen, vierteln und auf dem Teig gleichmäßig verteilen.

STREUSEL
1. Alle Zutaten in einer Schüssel gut mit den Händen vermischen und kneten, bis sich schöne Streusel gebildet haben. Über den Zwetschken verteilen.
2. Bei 180 °C Heißluft ca. 60 Minuten backen.

Aus dem
Gugelhupf

Eierlikör-Gugelhupf

18 Stück

∅ 26 cm

15 Minuten

175° C Heißluft
50 Minuten

DAS BRAUCHST DU

GUGELHUPF

5 Eier
250 g Zucker
1 Pck. Vanillezucker
250 ml Sonnenblumenöl
250 ml Eierlikör (oder alkoholfreie Alternative)
250 g Mehl
1/2 Pck. Backpulver

DEKO

Staubzucker (Puderzucker) nach Belieben

UND SO GEHT'S

GUGELHUPF

1 Eier, Zucker und Vanillezucker in eine hohe Schüssel geben. Mindestens 5 Minuten lang schaumig schlagen. Danach Öl und Eierlikör hinzugeben und kurz mixen.

2 Mehl und Backpulver in die Schüssel sieben und vorsichtig unterheben.

3 Die Teigmasse in die Backform geben und ca. 50 Minuten backen. Unbedingt Stäbchenprobe machen!

DEKO

1 Nach dem Abkühlen nach Belieben mit Staubzucker bestreuen.

AUS DEM GUGELHUPF

Karotten-Gugelhupf

18 Stück

∅ 26 cm

15 Minuten

180 °C Heißluft
50 Minuten

DAS BRAUCHST DU

GUGELHUPF

4 Eier
220 g Zucker
250 g geriebene/gemahlene Nüsse (z. B. Walnüsse)
270 g geraspelte Karotten
100 ml Sonnenblumenöl
150 g Mehl
1/2 Pck. Backpulver

GLASUR

3 EL Staubzucker (Puderzucker)
1 EL Milch

OPTIONAL

Zuckerdeko

UND SO GEHT'S

GUGELHUPF

1. Eier und Zucker schaumig mixen. Nüsse, Karotten, Öl, Mehl und Backpulver nacheinander zusammenmixen.
2. Die Backform ausfetten und den Teig reinfüllen. Bei 175 °C Heißluft ca. 50 Minuten backen. Unbedingt Stäbchenprobe machen!

GLASUR

1. Staubzucker und Milch zusammenrühren und über den Kuchen verteilen.
2. Optional mit Karotten-Zuckerdeko dekorieren.

Marzipan-Gugelhupf
mit Nuss

18 Stück

∅ 26 cm

20 Minuten

180 °C Heißluft
45 Minuten

DAS BRAUCHST DU

GUGELHUPF

4 Eier
220 g Zucker
250 g Sauerrahm
200 g geriebene Nüsse
200 g geriebenes Marzipan
2 EL Amaretto nach Belieben
200 ml Öl
300 g Mehl
1/2 Pck. Backpulver

DEKO

Schokoladenglasur
Ca. 20 g gehackte Mandeln

UND SO GEHT'S

GUGELHUPF

1. Eier und Zucker in einer Schüssel schaumig mixen.
2. Danach Sauerrahm, Nüsse, Marzipan, Amaretto, Öl, Mehl und Backpulver nacheinander dazu mixen.
3. Teig in eine eingefettete Gugelhupf-Form füllen und bei 180 °C Heißluft ca. 45 Minuten backen. Unbedingt eine Stäbchenprobe machen!

DEKO

1. Schokolade schmelzen lassen und über den Kuchen gießen.
2. Zum Schluss mit den klein gekackten Mandeln dekorieren.

Zum Rezeptvideo

AUS DEM GUGELHUPF

Mini-Gugelhupf mit Joghurt

15 Stück

Mini Gugelhupf-Formen

30 Minuten

180 °C Heißluft
15 – 17 Minuten

DAS BRAUCHST DU

GUGELHUPF

5 Eier
220 g Zucker
220 ml Sonnenblumenöl
250 g Joghurt
250 g Mehl
1/2 Pck. Backpulver
Lila Lebensmittelfarbe

TOPPING

Weiße Schokolade

UND SO GEHT'S

GUGELHUPF

1. Eier mit Zucker schaumig mixen. Öl, Joghurt, Mehl und Backpulver nacheinander dazu mixen.

2. 1/3 vom Teig in eine zweite Schüssel umfüllen und mit ein paar Tropfen lila Lebensmittelfarbe (oder anderer Farbe nach Wahl) vermengen.

3. Die Teige in jeweils einen Spritzsack füllen. Zuerst die helle Masse in die eingefetteten Mini-Gugelhupfe füllen und mit dem gefärbten Teig abschließen.

4. Zusätzlich eine Mini-Backform nur mit dem gefärbten Teig befüllen, da wir diesen später für die Deko brauchen.

5. Die Mini-Gugelhupfe bei 180 °C Heißluft ca. 15 – 17 Minuten backen und abkühlen lassen.

TOPPING

1. Weiße Schokolade schmelzen und die Gugelhupfe damit einpinseln oder besprenkeln.

2. Den lila Mini-Gugelhupf mit dem Mixer oder von Hand zerbröseln und über die weiße Schokolade streuen, bevor diese fest wird.

Zum Rezeptvideo

AUS DEM GUGELHUPF

Mozart-Gugelhupf

18 Stück

∅ 26 cm

20 Minuten

180 °C Heißluft
45 Minuten

DAS BRAUCHST DU

4 Eigelb
250 g Zucker
250 ml Milchkaffee
(1/2 Tasse Kaffee
+ 1/2 Tasse Milch)
100 g Kochschokolade
(Blockschokolade)
100 ml Sonnbenlumenöl
260 g Mehl
1/2 Pck. Backpulver
4 Eiklar
1 Prise Salz

UND SO GEHT'S

1 Eigelb mit Zucker schaumig mixen. Milchkaffee dazu mixen.

2 Schokolade im Öl erwärmen, bis die Schokolade geschmolzen ist.

3 Zu der Masse geben, dann Mehl und Backpulver dazu mixen.

4 Zum Schluss Eiklar mit Salz steifmixen und unter die Teigmasse heben.

5 Bei 180 °C Heißluft ca. 45 Minuten fertig backen.
Bitte unbedingt Stäbchenprobe machen!

Raffaello-Gugelhupf

18 Stück | ∅ 26 cm | 30 Minuten | 180 °C Heißluft 45 – 50 Minuten

DAS BRAUCHST DU

GUGELHUPF

5 Eier
250 g Zucker
1 Pck. Vanillezucker
250 g weiche Butter
50 ml Sonnenblumenöl
200 g Kokosraspeln (60 g für Teig, Rest für Glasur)
100 ml Kokosmilch
250 g Sauerrahm
1 Prise Salz
200 g Raffaello
400 g Mehl
1/2 Pck. Backpulver

GLASUR

200 g weiße Schokolade
20 g Kokosöl
Restliche Packung Kokosraspeln

UND SO GEHT'S

GUGELHUPF

1. Eier, Zucker und Vanillezucker schaumig mixen.
2. Butter, Öl, 60 g der Kokosraspeln, Kokosmilch, Sauerrahm und Salz dazu mixen.
3. Raffaellos mit dem Mixer zerkleinern und unterheben. Zum Schluss Mehl und Backpulver vorsichtig kurz dazumixen.
4. Teig in eine befettete Backform geben und bei 180 °C ca. 45 – 50 Minuten backen. Bitte Stäbchenprobe machen !

GLASUR

1. Weiße Schokolade und Kokosöl in einem Topf schmelzen lassen und über den Kuchen gießen.
2. Mit einem Backpinsel gleichmäßig verteilen und mit Kokosraspeln dekorieren.

Zum Rezeptvideo

Schwarzwälder Kirsch Gugelhupf

18 Stück

∅ 26 cm

30 Minuten

180 °C Heißluft
45 – 50 Minuten

DAS BRAUCHST DU

GUGELHUPF

5 Eier
250 g Zucker
125 g weiche Butter
125 ml Öl (Raps- oder Sonnenblumenöl)
50 ml Milch
2 EL Kirschwasser
1 Prise Salz
320 g Mehl
1/2 Pck. Backpulver
150 g Kochschokolade (Blockschokolade)
ca. 200 g Weichselkirschen (Sauerkirschen) aus dem Glas

GLASUR UND DEKO

1 Becher Schokoglasur
150 g Schlagobers (Schlagsahne)
Sahnesteif
1 Pck. Vanillezucker

Zum Rezeptvideo

UND SO GEHT'S

GUGELHUPF

1 Eier mit Zucker schaumig mixen. Butter, Öl, Milch, Salz, Kirschwasser, Mehl und Backpulver nacheinander zusammen mixen.
Den Teig auf 2 Schüsseln aufteilen.

2 Kochschokolade schmelzen lassen und in den ersten Teig mixen.

3 Weichselkirschen abtropfen lassen, 8 – 10 Kirschen beiseite nehmen und unter den zweiten Teig heben.

4 Backform einfetten und die Hälfte vom dunklen Teig hineinfüllen. Dann den hellen Teig dazugeben und den Rest vom dunklen Teig zum Schluss reinfüllen.

5 Mit einem Spieß den Teig marmorieren und anschließend bei 180 °C ca. 45 Minuten backen. Bitte Stäbchenprobe machen!

GLASUR UND DEKO

1 Kuchen auskühlen lassen und aus der Form stürzen.

2 Schokoglasur schmelzen und über den Gugelhupf verteilen.

3 Schlagobers mit Sahnesteif, sowie Vanillezucker steifmixen, in einen Spritzsack füllen und Häubchen aufspritzen.

4 Zum Schluss mit den Weichselkirschen dekorieren.

AUS DEM GUGELHUPF

Tiramisu-Gugelhupf

18 Stück

∅ 26 cm

20 Minuten

180 °C Heißluft
45 – 50 Minuten

DAS BRAUCHST DU

GUGELHUPF

3 Eier
220 g Zucker
200 ml Schlagobers (Schlagsahne)
100 ml Sonnenblumenöl
1/2 Pck. Backpulver
260 g Mehl
50 g löslicher Kaffee (z. B. Nescafé)
2 EL Wasser
1 TL Backkakao

OPTIONAL

1 Stamperl Rum

UND SO GEHT'S

GUGELHUPF

1 Eier mit Zucker in einer Schüssel schaumig mixen.

2 Schlagobers, Öl, Backpulver und Mehl nacheinander dazu mixen.

3 Backform befetten und die Hälfte vom Teig hineingeben.

4 Kaffee, Wasser, Backkakao und Rum vermischen, zu der anderen Teighälfte geben und gut vermischen.

5 Teig in die Backform füllen und mit einen Holzstäbchen marmorieren.

6 Bei 180 °C ca. 40 – 45 Minuten backen. Stäbchenprobe machen!

7 Zum Schluss mit Kakao bestreuen.

Zum Rezeptvideo

Zimtschnecken-Gugelhupf

18 Stück

Ø 26 cm

25 Minuten

175 °C Heißluft
45 – 50 Minuten

DAS BRAUCHST DU

GUGELHUPF
170g weiche Butter
250 g Zucker
4 Eier
2 TL Vanillezucker
330 g Mehl
1 Pck. Backpulver
1 Prise Salz
120 g Milch
120 g Schlagobers
(Schlagsahne)

ZIMTFÜLLUNG
60 g brauner Zucker
30 g gemahlene Nüsse
2 – 3 TL Zimt
(je nach Geschmack)

GLASUR
130 g Staubzucker
(Puderzucker)
3 – 4 EL Schlagobers
(Schlagsahne)

UND SO GEHT'S

GUGELHUPF
1 Butter und Zucker in einer Schüssel schaumig mixen. Nacheinander alle anderen Zutaten dazugeben und mixen.

ZIMTFÜLLUNG
2 Zucker, Nüsse und Zimt miteinander vermengen.

3 Die Backform einfetten.

4 Ein Drittel vom Teig in die Backform geben, dann einen Teil des Zimtzuckers darüber streuen. Wieder Teig darüber geben und so lange wiederholen, bis alles aufgebraucht ist.

5 Bei 175 °C ca. 45 Minuten backen. Bitte Stäbchenprobe machen!

GLASUR
6 Staubzucker mit Schlagobers gut vermischen und den Kuchen damit bestreichen.

Österreichs Lieblinge

Buchteln

mit Vanillesoße

8 – 9 Stück	1 Auflaufform	25 – 30 Minuten	175 °C Heißluft 30 – 35 Minuten	60 + 20 – 30 Minuten

DAS BRAUCHST DU

BUCHTELN
1/2 Würfel Germ (Backhefe)
220 g lauwarme Milch
100 g Zucker
80 g weiche Butter
2 Eier
600 g Mehl
1 Prise Salz
8 – 9 TL Marillenmarmelade
1 Eigelb
1 Schuss Milch

VANILLESOSSE
1 Pck. Vanillesoße (gibt es bereits fertig zu kaufen)

UND SO GEHT'S

BUCHTELN

1 Germ, lauwarme Milch und Zucker miteinander vermengen und ca. 5 Minuten stehenlassen.

2 Butter, Eier, Mehl und Salz dazugeben und mit der Küchenmaschine oder mit der Hand zu einem glatten Teig kneten.

3 Den Teig abgedeckt ca. 1 Stunde rasten lassen, bis er sich verdoppelt.

4 Mit einem Esslöffel gleichmäßige Stücke runter stechen, flach drücken, je 1 Teelöffel Marillenmarmelade auf die Mitte geben. Die Enden zur Mitte fest zusammendrücken und zu einer Kugel formen.

5 Eine Auflaufform mit Butter ausfetten. Die Buchteln reinsetzen, aber nicht zu dicht, da sie noch aufgehen.
Nochmals für ca. 20 – 30 Minuten abgedeckt stehen lassen.

6 Eigelb und Milch verquirlen und die Buchteln einstreichen.
Bei 175 ° C Heißluft ca. 30 – 35 Minuten goldig backen.

VANILLESOSSE

1 Die Vanillesoße nach Anleitung erhitzen und dazu servieren.

HINWEIS: Ein Rezept für selbstgemache Vanillesoße gibt's bei den Germknödeln.

Zum Rezeptvideo

Apfelstrudel

12 Stück | 1 Backblech | 25 Minuten | 180 °C Heißluft 35 Minuten | 30 Minuten

DAS BRAUCHST DU

TEIG
1 Eigelb
200 g weiche Butter
300 g Mehl
40 ml Essig
1 EL Milch
1 Prise Salz

FÜLLUNG
6 – 8 Äpfel
Ca. 2 EL Zucker
(je nach Geschmack)
1 TL Zimt
(je nach Geschmack)
50 g Semmelbrösel

OPTIONAL
Rosinen

BESTREICHEN
1 Eigelb
1 Schuss Milch

Zum Rezeptvideo

UND SO GEHT'S

TEIG
1 Alle Zutaten in einer Schüssel zu einem glatten Teig mixen. Für eine halbe Stunde abgedeckt in den Kühlschrank stellen.

FÜLLUNG
1 Währendessen Äpfel schälen und in dünne Scheiben schneiden. Die geschnittenen Äpfeln mit Zucker und Zimt (und optional mit Rosinen) vermischen.

2 Den Teig in 2 gleichmäßige Stücke teilen und dünn ausrollen. Die Äpfel in der Mitte drauf verteilen.

3 Unten und oben den Teig einklappen, danach links und rechts zur Mitte einklappen und zu einer Rolle formen.

BESTREICHEN UND BACKEN
1 Ein Backblech mit Backpapier belegen und die Strudel drauf legen. Eigelb mit Milch verquirlen und Strudel damit bestreichen.

2 Bei 180 °C Heißluft oder 200 °C O/U ca. 40 – 45 Minuten goldig backen.

Der Strudel schmeckt besonders fein mit Vanillesoße serviert.
Ein Rezept dazu findest du bei den Germknödeln.

Germknödel

mit Vanillesoße

8 – 9 Stück | 1 Topf | 25 – 30 Minuten | 60 + 20 Minuten

DAS BRAUCHST DU

GERMKNÖDELTEIG
1/2 Würfel Germ (Backhefe)
220 g lauwarme Milch
100 g Zucker
80 g weiche Butter
2 Eier
600 g Mehl
1 Prise Salz
Powidl-Marmelade (Zwetschgenmarmelade) oder Nutella

VANILLESOSSE
500 ml Milch
60 g Zucker
6 Eigelb
1 Vanilleschote

TOPPING
Etwas flüssige Butter
Mohnsamen
Staubzucker (Puderzucker)

Zum Rezeptvideo

UND SO GEHT'S

GERMKNÖDELTEIG

1. Germ mit Milch und Zucker vermengen. Ca. 5 Minuten stehenlassen. Danach Butter, Eier, Mehl und Salz dazugeben und gut durchkneten. Den Teig 1 Stunde zugedeckt rasten lassen.
2. Teig in 8 – 9 große runde Stücke (je ca. 130 g) teilen und flachdrücken. Einen Klecks Powidl-Marmelade oder Nutella draufgeben, die Ränder nach innen klappen und oben festdrücken.
3. Die Germknödel nochmals abgedeckt ca. 20 Minuten ruhen lassen.

VANILLESOSSE

1. 2/3 der Milch in einem Topf aufköcheln lassen. Restliche Milch, Eigelb, Zucker sowie Mark von Vanilleschote in eine Schüssel geben und mit dem Schneebesen gut verquirlen.
2. Zur köchelnden Milch dazugeben und unter ständigem Rühren mit Schneebesen bei mittlerer Hitze köcheln lassen. Ausgekratzte Vanilleschote mitköcheln lassen.
3. Sobald die Soße eingedickt ist, Vanilleschote rausnehmen. Vanillesoße bis zum Servieren warmstellen.

GERMKNÖDEL KOCHEN

1. Die Germknödel in leicht köchelndem Wasser auf beiden Seiten für ca. 5 Minuten köcheln lassen. Deckel auf den Kochtopf setzen!
2. Mohn fein zerreiben und mit Staubzucker vermischen.
3. Flüssige Butter über Germknödel gießen, mit Mohn-Zuckermischung bestreuen und mit warmer Vanillesoße servieren.

Kaiserschmarrn

2 Portionen | 1 Pfanne | 20 Minuten

DAS BRAUCHST DU

TEIG
5 Eigelb
70 g Zucker
150 ml Milch
1 Pck. Vanillezucker
150 g Mehl
5 Eiklar (Eiweiß)
1 Prise Salz
2 EL Sonnenblumenöl
oder Butter

APFELMUS
1 Glas Apfelmus

DEKO
Staubzucker

UND SO GEHT'S

1. Eigelb mit Zucker schaumig mixen. Milch, Vanillezucker und Mehl dazu mixen.
2. Danach Eiklar mit Salz steif mixen und unter die Masse heben.
3. Bei mittlerer Hitze in Öl oder Butter auf beiden Seiten rausbacken und noch in der Pfanne zu kleinen mundgerechten Stücken teilen.
4. Mit Staubzucker bestreuen und mit Apfelmus servieren.

Mit Apfelmus oder Zwetschkenröster servieren. Wers mag, kann noch eine Handvoll Rosinen unter den Teig heben!

Kardinalschnitte

10 – 12 Stück

1 Backblech

40 – 45 Minuten

175 °C O/U
22 – 24 Minuten

DAS BRAUCHST DU

BISKUITTEIG
4 Eigelb
2 ganze Eier
50 g Zucker
1 Pck. Vanillezucker
50 g Mehl

BAISER
4 Eiklar (Eiweiß)
180 g Zucker

CREME
500 ml Schlagobers (Schlagsahne)
1 EL Staubzucker (Puderzucker)
2 Pck. Sahnesteif
1 Pck. Vanillezucker
1 Schuss Eierlikör oder Cappuccino Pulver

UND SO GEHT'S

BISKUITTEIG
1 Die 4 Eigelb und ganze Eier mit Zucker und Vanillezucker ca. 10 Minuten schaumig mixen. Mehl mit dem Sieb vorsichtig unterheben.

BAISER
1 Rest Eiklar 10 Minuten mixen, bis es ganz steif ist. Danach den Zucker dazu mixen.

2 Biskuitteig und Eischnee jeweils in einen Spritzsack füllen. Ein Backblech mit Backpapier auslegen.

3 Zuerst je 2 Bahnen der Länge nach mit dem Baiser aufspritzen, damit der Biskuit nicht auslaufen kann. Dabei genügend Abstand zwischen den Bahnen lassen.

4 Dann in die mittlere Spur den Biskuitteig aufspritzen. Anschließend bei 175 °C 22 – 24 Minuten backen und auskühlen lassen.

CREME
1 Schlagobers mit Staubzucker, Sahnesteif, Vanillezucker und Eierlikör steifmixen.

2 Den ersten Biskuit verkehrt herum auf die Unterlage legen, mit der Creme befüllen, glattstreichen, den zweiten Biskuit darauflegen und mit Staubzucker bestreuen.

Für eine alkoholfreie und Café Crème-Variante kannst du in das Schlagobers Cappuccino Pulver statt Eierlikör mixen.

Linzer Schnitte

16 Stück

1 großes Backblech

30 Minuten

180 °C Heißluft
35 Minuten

DAS BRAUCHST DU

6 Eier
420 g Zucker
420 g weiche Butter
220 g geriebene Walnüsse
220 g geriebene Mandeln
420 g Mehl
1/2 Pck. Backpulver
Ca. 500 g Ribiselmarmelade (Rote Johannisbeere)

UND SO GEHT'S

1 Eier, Zucker und Butter in einer Schüssel ca. 5 Minuten schaumig mixen.

2 Dann Walnüsse, Mandeln, Mehl und Backpulver nacheinander dazugeben und mixen.

3 2/3 des Teiges auf ein großes mit Backpapier ausgelegtes Backblech geben. Den restlichen Teig in einen Spritzsack füllen.

4 Die Ribiselmarmelade über den Teig streichen und mit dem restlichen Teig ein rautenförmiges Gitter spritzen.
Bei 180 °C Heißluft ca. 35 Minuten backen.

Nussines Tipp

Am besten das Backblech nassmachen und dann das Papier drauflegen, so kann es nicht verrutschen.

Zum Rezeptvideo

Malakoff-Torte

12 Stück | ∅ 26 cm | 45 Minuten | 180 °C Heißluft 12 – 15 Minuten | 1 Stunde

DAS BRAUCHST DU

BODEN
2 Eier
1 Prise Salz
1 Pck. Vanillezucker
60 g Zucker
1 EL Öl
50 g Mehl
25 g Speisestärke

CREME
1000 g Mascarpone
500 ml Schlagobers (Schlagsahne)
3 Pck. Vanillezucker
3 – 4 EL Zucker (je nach Geschmack)
Ca. 80 Biscotten (Löffelbiskuit)

AUSSERDEM
250 ml Milch
1 Schuss Eierlikör nach Belieben

TOPPING
250 ml Schlagobers (Schlagsahne)
1 Pck. Sahnesteif
1 Pck. Vanillezucker
9 – 12 Biscotten
gehobelte Mandeln
dunkle Schokolade

UND SO GEHT'S

BODEN
1 Eier, Salz, Vanillezucker, Zucker und Öl schaumig mixen. Mehl und Speisestärke dazu mixen.

2 Teig in eine mit Backpapier ausgelegte Backform füllen und bei 180 °C Heißluft ca. 12 –15 Minuten goldig backen.

3 Den ausgekühlten Tortenboden auf eine Kuchenplatte legen und rundherum einen Tortenring fixieren.

CREME
1 Alle Zutaten in eine Schüssel geben und fest mixen. Ein Drittel der Creme auf den Tortenboden streichen.

2 Milch in eine Schüssel geben (nach Belieben einen Schuss Eierlikör dazugeben), Biscotten in Milch eintunken und dicht aneinander auf der Creme verteilen.

3 Die zweite Cremeschicht darauf verteilen, dann wieder die eingetunkten Biscotten. Ein weiteres Mal wiederholen, sodass insgesamt 3 Biscotten-Creme-Schichten entstehen. Zum Schluss mit Creme abschließen und die Torte abgedeckt über Nacht kühlstellen.

TOPPING
1 Schlagobers mit Sahnesteif und Vanillezucker steifmixen und einen kleinen Teil in einen Spritzbeutel füllen.

2 Tortenring abnehmen und Torte rundherum einstreichen. Mit dem restlichen Schlagobers kleine Häubchen daraufspritzen.

3 Mandelblätter kurz anrösten und rundherum am Rand anbringen.

4 Zum Schluss Biscotten in geschmolzene Schokolade tunken, trocknen lassen und auf die Torte setzen.

Zum Rezeptvideo

Marillenknödel

5 – 6 Stück | 1 Topf | 1 Pfanne | 30 Minuten

DAS BRAUCHST DU

250 g Topfen (Quark)
1 Ei
60 g weiche Butter
Ca. 140 g Mehl
5 – 6 frische Marillen
1 EL Butter
200 g Semmelbrösel
1 EL Zucker

UND SO GEHTS

1. Topfen, Ei, Butter und Mehl zu einem Teig vermixen.
2. Den Teig auf einer bemehlten Arbeitsplatte zu einer Rolle formen und in ca. 6 gleichmäßige Stücke runter schneiden.
3. Marillen entkernen und je eine in die Mitte von jedem Teigstück legen. Daraus Knödel formen und rundherum noch mal leicht in Mehl walzen.
4. Bei leicht kochendem Wasser ca. 10 Minuten köcheln lassen.
5. Einen Esslöffel Butter in einer Pfanne leicht erhitzen. Semmelbrösel hinzugeben und leicht anrösten, bis sie eine schöne goldige Farbe bekommen.
6. Einen Esslöffel Zucker dazugeben und die Knödel in der Butter-Brösel-Mischung wälzen.

Falls die Marillen etwas säuerlicher sind, einfach ein Stück Würfelzucker in die Mitte der Marille legen.

Sachertorte

12 Stück | ∅ 26 cm | 30 – 35 Minuten | 160 °C Heißluft 50 Minuten | 1 Stunde

DAS BRAUCHST DU

BODEN
6 Eigelb
200 g Staubzucker (Puderzucker)
150 g dunkle Kochschokolade
125 ml Sonnenblumenöl
3 El Rum (oder alkoholfreie Alternative)
1/2 Pck. Backpulver
150 g Mehl
6 Eiklar
1 kleines Glas Marillenmarmelade

GLASUR
100 ml Schlagobers (Schlagsahne)
2 El Honig
300 g dunkle Kochschokolade

UND SO GEHT'S

BODEN
1. Eigelb und Staubzucker ca. 5 Minuten lang mixen.
2. Währenddessen die Kochschokolade und das Öl erwärmen, bis die Schokolade flüssig ist. Die erweichte Schokolade dazu mixen.
3. Rum, Backpulver und Mehl dazu mixen.
4. Zum Schluss Eiklar steifmixen und unter die Masse heben.
5. Die Tortenform mit Backpapier auslegen, den Teig darauf geben und bei 160 °C ca. 50 Minuten backen.
6. Den Boden auskühlen lassen und in der Mitte durchschneiden.
7. Beide Böden oben mit Marillenmarmelade dünn bestreichen und zusammensetzen. Dann die ganze Torte rundherum dünn bestreichen.

GLASUR
1. Schlagobers zusammen mit dem Honig aufkochen. Kochschokolade hineingeben und einrühren, bis alles erweicht ist.
2. Die noch heiße Glasur über die Torte gießen, glattstreichen und für ca. 1 Stunde in den Kühlschrank stellen.

Salzburger Nockerl

3 Stück | 1 feuerfeste Backform | 20 Minuten | 180 °C Heißluft 12 Minuten

DAS BRAUCHST DU

NOCKERL
6 Eiklar
100 g Zucker
1 Pck. Vanillezucker
2 Eigelb
30 g Mehl
Etwas Ribiselmarmelade (Johannisbeere)

DEKO
Staubzucker (Puderzucker)

UND SO GEHT'S

NOCKERL
1. Eiklar in einer hohen Schüssel ca. 5 Minuten steifmixen. Zucker und Vanillezucker, dann Eigelb kurz dazu mixen. Mehl vorsichtig unterheben.

2. Eine feuerfeste Backform mit Butter einfetten. Dann den Boden mit Ribiselmarmelade bestreichen. Aus der Masse drei Nockerl formen und in die Form geben.

3. Bei 180 °C ca. 12 Minuten goldig backen (je nach gewünschter Festigkeit bis zu 15 Minuten backen).

DEKO
1. Mit Staubzucker bestreuen und gleich heiß servieren.

STAUB
STAUB

Kroatische
Leckereien

Kroatische Cremeschnitte

15 Stück

Backrahmen höhenverstellbar

45 Minuten

180 °C Heißluft 15 Minuten

30 Minuten + 1 Nacht

DAS BRAUCHST DU

BLÄTTERTEIG
2 Pck. frischer Blätterteig, rechteckig

VANILLECREME
750 ml Wasser
750 ml Milch
7 Eigelb
200 g Zucker
70 g Speisestärke
150 g Mehl
30 g Vanillezucker

SCHLAGOBERS-CREME
750 ml Schlagobers
3 Pck. Sahnesteif (24 g)
2 Pck. Vanillezucker

DEKO
Staubzucker

Zum Rezeptvideo

UND SO GEHT'S

BLÄTTERTEIG
1 Ersten Blätterteig ausrollen, mit Gabel Löcher reinstechen und auf mit Backpapier belegtem Backblech bei 180 °C ca. 15 Minuten goldig backen.

2 Zweiten Blätterteig ausrollen und in 12 – 15 gleichmäßige Quadrate mit dem Pizzaschneider oder Messer runter schneiden (am besten mit einem Lineal ausmessen). Mit einer Gabel Löcher reinpiksen und bei 180 °C ca. 15 Minuten goldig backen.

VANILLECREME
1 In einen hohen beschichteten Kochtopf Wasser, Milch, Eigelb, Zucker, Speisestärke und Mehl geben. Noch kalt mit einem Schneebesen glatt rühren, damit keine Klumpen entstehen.
Bei mittlerer Hitze und Rühren ca. 10 bis 15 Minuten köcheln lassen, bis alles schön eingedickt ist. Besser 2 Minuten länger und wirklich ständig rühren!! Erst dann Vanillezucker dazugeben und warmhalten.

2 Eiweiß ca. 5 Minuten steifmixen. Dann Zucker mit dazu mixen. Das steifgeschlagene Eiweiß in eine große Schüssel umfüllen und die heiße Vanillecreme schrittweise zum Eischnee mit dem Schneebesen rühren.

3 Blätterteigboden in einen Backrahmen legen, Creme drauf verteilen und glatt streichen. Abgedeckt in den Kühlschrank stellen, bis die Cremeschnitte ausgekühlt ist.

SCHLAGOBERSCREME
1 Schlagobers, Sahnesteif und Vanillezucker steifmixen und auf die gekühlte Cremeschnitte streichen.

2 Geschnittenen Blätterteig drauf legen und nochmals für ein paar Stunden oder am besten über Nacht abgedeckt in den Kühlschrank stellen.

3 Zum Schluss mit Staubzucker bestreuen.

Weiße oder dunkle Čupavci

30 Stück | 36 x 24 cm | 40 Minuten | 180 °C Heißluft 15 – 18 Minuten

DAS BRAUCHST DU

TEIG

6 Eier
150 g Zucker
20 ml Sonnenblumenöl
60 ml Milch
200 g Mehl
1/2 Pck. Backpulver

SCHOKO-KOKOS-SCHICHT

200 g weiße oder dunkle Schokolade
100 g Butter
100 g Zucker
200 ml Milch
200 g Kokosraspeln

UND SO GEHT'S

TEIG

1 Eier und Zucker ca. 5 Minuten schaumig mixen. Öl und Milch kurz dazu mixen. Zum Schluss Mehl sowie Backpulver vorsichtig unterheben.

2 Backform mit Backpapier belegen und Teig reinfüllen. Bei 180 °C ca. 15 – 18 Minuten backen und gut auskühlen lassen.

3 Die Schokolade (weiß oder dunkel), Butter, Zucker und Milch so lange köcheln lassen, bis alles schön zerschmolzen ist.

SCHOKO-KOKOS-SCHICHT

4 Den fertigen Boden in kleine Würfel schneiden und in die dunkle oder helle Schokoladenmischung tunken.

5 Danach auf allen Seiten in Kokosraspeln wälzen und trocknen lassen.

Nussines Tipp

Nimm weiße oder dunkle Schokolade, je nachdem welche Čupavci du herstellen möchtest.

Zum Rezeptvideo

Ledene Kocke

EISKUCHEN

15 Stück | 25 x 25 cm | 40 Minuten | 180 °C Heißluft 15 Minuten | 1 Nacht

DAS BRAUCHST DU

BODEN
7 Eiklar
120 g Zucker
120 g Mehl
1/2 Pck. Backpulver

GUSS
100 ml Milch
15 g Zucker

VANILLECREME
7 Eigelb
60 g Zucker
70 g Mehl
600 ml Milch
125 g weiche Butter
2 Pck. Vanillezucker

TOPPING
500 ml Schlagobers
2 Pck. Sahnesteif
2 Pck. Vanillezucker

UND SO GEHT'S

BODEN

1 Eiklar ca. 5 Minuten steifmixen. Dann Zucker dazugeben und nochmals für 1 Minute mixen. Zum Schluss Mehl und Backpulver vorsichtig unterheben.

2 Ein Backblech mit Backpapier auslegen und den Teig darauf verteilen. Bei 180°C Heißluft ca. 15 Minuten backen.

GUSS

1 Sobald der Kuchen fertig gebacken ist, Milch und Zucker unter Rühren aufkochen lassen, über den Kuchen verteilen und auskühlen lassen.

VANILLECREME

1 Eigelb, Zucker, Mehl und Milch mit Schneebesen gut verrühren, damit keine Klumpen entstehen. Danach ca. 5 Minuten bei mittlerer Hitze aufkochen lassen, bis die Creme schön fest ist.
Zwischendurch immer umrühren, damit nichts anbrennt. Die Creme abgedeckt auskühlen lassen.

2 Butter schaumig mixen. Danach Vanillezucker dazu mixen und die abgekühlte Creme unterheben. Die fertige Vanillecreme auf dem ausgekühlten Boden verteilen.

TOPPING

1 Schlagobers, Sahnesteif und Vanillezucker steifmixen. Einen kleinen Teil in einen Spritzbeutel füllen, den Rest über der Vanillecreme verteilen.
Mit dem Spritzbeutelinhalt kleine Häubchen darauf spritzen.

2 Am besten über Nacht abgedeckt in den Kühlschrank stellen, damit die Schnitten schön fest werden.

Madarica

30 Stück | 1 Backblech | 60 Minuten | 180 °C Heißluft je 5 – 7 Minuten | 1 Nacht

DAS BRAUCHST DU

BODEN
700 g Mehl
1/2 Pck. Backpulver
2 Eier
100 g weiche Butter
200 g Sauerrahm (Sahne mit 10 – 30 % Fett)
200 g Zucker

SCHOKOCREME
1 Liter kalte Milch
80 g Mehl
200 g dunkle Kochschokolade (Blockschokolade)
190 g Zucker
100 g Butter

SCHOKOGLASUR
100 g Kochschokolade
3 EL Raps- oder Sonnenblumenöl

UND SO GEHT'S

BODEN
1 Alle Zutaten in eine Schüssel geben und zu einem glatten Teig kneten. Abgedeckt für eine halbe Stunde in den Kühlschrank stellen.

2 Den Teig in fünf gleichmäßige Stücke aufteilen. Die erste Teigkugel auf ein Backpapier geben, ein zweites Backpapier darüberlegen und den Teig auf ein Rechteck ganz dünn ausrollen.

3 Das obere Backpapier vom ausgerollten Teig entfernen. Ein großes Backblech zur Hand nehmen und dieses mit der Unterseite nach oben drehen.

4 Den Teig darauflegen und bei 180 °C ca. 5 – 7 Minuten backen. Den Ablauf mit allen Teigkugeln wiederholen!

SCHOKOCREME
1 Milch und Mehl in einen Topf geben. Mit einem Schneebesen so lange verquirlen, bis keine Klumpen mehr vorhanden sind.

2 Danach Kochschokolade, Zucker und Butter dazugeben und unter Rühren miteinander aufkochen lassen, bis alles schön geschmolzen ist und eine cremige Konsistenz entsteht.

3 Den ersten ausgekühlten Boden auf eine Platte oder ein Holzbrett legen. Die noch heiße Creme darüberstreichen, damit alles schön bedeckt ist. Den zweiten Boden darauflegen und wieder mit der Creme bestreichen und bis zur vierten Schicht wiederholen.

4 Oberste Schicht nur auflegen und nicht mehr bestreichen. Zum Schluss die oberste Schicht mit einem Backpapier belegen und mit einem schweren Holzbrett oder Ähnlichem beschweren.
Über Nacht durchziehen lassen.

SCHOKOGLASUR

1 Die Kochschokolade und das Öl in einem Topf schmelzen lassen und auf der obersten Kuchenschicht gleichmäßig verteilen.

2 Für ca. 1 Stunde in den Kühlschrank stellen, damit die Schokolade fest wird.
Den Kuchen vor dem Anschneiden für 15 Minuten bei Zimmertemperatur stehenlassen, damit die Schokolade nicht bricht.

Oblatne

MIT KARAMELLCREME

ca. 40 Stück | 1 Backblech | 60 Minuten | 2 – 3 Stunden oder 1 Nacht

DAS BRAUCHST DU

5 große Oblaten (Waffelblätter)
1 l Milch
750 g Zucker
150 g dunkle Kochschokolade

UND SO GEHT'S

1 Milch zusammen mit Zucker ca. 45 Minuten bei mittlerer Hitze köcheln lassen.

2 Danach Kochschokolade hineingeben und nochmal ca. 15 Minuten köcheln lassen. Dazwischen immer wieder umrühren und dann die Masse etwas auskühlen lassen.

3 Ein Backblech mit Backpapier auslegen und die erste Oblate darauflegen. Auf diese eine dünne Schicht der Karamellfüllung gleichmäßig verteilen.

4 Die zweite Oblate darauflegen und wieder eine dünne Schicht auftragen. Genauso bei der dritten und vierten Oblate verfahren und mit der fünften als Deckel abschließen.

5 Zum Schluss ein Backpapier darüberlegen und mit einer Platte oder einem schweren Küchenbrett beschweren. Ca 2 – 3 Stunden oder am besten über Nacht beschweren.

6 Zum Schluss die Oblaten in kleine rautenförmige Stücke schneiden.

Zum Rezeptvideo

Nachwort

Nick Nussbaummüller

Mein herzlichster Dank gilt meim Sohn Nick, der mich während des gesamten Entstehungsprozesses dieses Buches unterstützt hat.

Seine kreativen Ideen fürs Food-Styling, seine Hilfe beim Bau von Hintergründen und seine Geduld beim Fotografier'n von jedem einzelnen Gebäckstück waren einfach unbezahlbar.

Ohne Nicks Einsatz und sein Talent wär' dieses Buch net das g'worden, was es heute ist.

Steckbrief

- Alter: 16 Jahre
- Herkunft: Niederösterreich
- Zukunft: Angehender Werkzeugbautechniker
- Fotografie-Skills: Food-Fotografie
- Persönlichkeit: Aufgeschlossen und vielseitig interessiert
- Hobbys: Fotografieren, Fischen, Moped fahren

Emil Schmid

Ein herzliches Dankeschön geht auch an Emil Schmid, der extra aus dem Schwabenländle zu uns nach Österreich g'reist ist, um das perfekte Coverfoto zu schießen. Es war wirklich eine Gaudi, mit ihm zu arbeiten.

Besonders schön war's zu sehen, wie gut sich Nick und Emil auf Anhieb verstanden haben - das hat die ganze Sache noch amüsanter g'macht.

emilschmidphoto

Steckbrief

- Alter: 23 Jahre
- Herkunft: Dettingen (bei Outletcity Metzingen)
- Beruf: Professioneller Fotograf
- Persönlichkeit: Kommunikativ, einfühlsam, perfektionistisch, abenteuerlustig
- Portfolio-Highlights: Formel 1, Streif in Kitzbühel, Diverse Sportevents
- Markenzeichen: Internationales Flair, Leidenschaft für Sport und Action, Streben nach Höchstleistungen

Ich möcht' mich ganz herzlich bei EdHaas bedanken!

Als österreichische Backbuchautorin freu ich mich riesig, dass ich mit so einem traditionsreichen Unternehmen aus der Heimat zusammenarbeiten darf.

Die lieben Leut' von EdHaas haben nicht nur eine tolle Marketingaktion für mein Backbuch g'macht, sondern auch noch feine Goodies für den Verkaufsstart gesponsert.

Ich bin ein großer Fan von ihren Produkten und verwend' sie oft in meiner Küche.
Diese Unterstützung zeigt wirklich, wie sehr EdHaas unsere österreichische Backtradition schätzt und fördert!

Canon